William Walker Atkinson (Pseud. Yogi Ramacharaka) stellte die Erläuterungen von *„Ligth on the Path"* an den Beginn seines 1904 erschienenen *„Advanced Course in Yogi Philosophy and Oriental Occultism".*
Er war der Ansicht, dass kein anderes Werk die Stadien der spirituellen Entwicklung des Menschen so genau und deutlich beschreibt, wie dieses von Mabel Collins verfasste Handbuch. Die darin enthaltenen Regeln und Hinweise sind in einer Sprache verfasst, die für den Leser auf den ersten Blick unverständlich erscheinen mag. Um dem ernsthaft Suchenden die Lektionen dieses in den 1880er Jahren erstmals erschienenen und in den darauffolgenden Jahren um einige Anmerkungen ergänzten Handbuchs so verständlich wie möglich zu machen, hat W. W. Atkinson diesen Text in der für ihn typischen einfachen Sprache, Schritt für Schritt und Zeile für Zeile einer Betrachtung unterzogen und dem Leser in verständlicher Form weitergegeben.
Möge in diesem Sinne die nun vorliegende deutschsprachige Erstausgabe einen Beitrag für die Weitergabe dieses gehaltvollen Textes leisten.

William Walker Atkinson

Erläuterungen
zum Handbuch
„Licht auf dem Pfad"
von Mabel Collins

Aus dem Englischen von Daniela Latzko
Deutschsprachige Erstausgabe
2. Auflage 2019

Bibliografische Information der Deutschen Nationalbibliothek:
Die Deutsche Nationalbibliothek verzeichnet diese Publikation in der
Deutschen Nationalbibliografie; detaillierte bibliografische Daten sind im
Internet über *dnb.dnb.de* abrufbar.

Herstellung und Verlag:
BoD – Books on Demand, Norderstedt.

ISBN: 9783752835670

LICHT AUF DEM PFAD

Diese Regeln wurden für alle Schüler (Suchenden) geschrieben. Befolge sie.

Diese Regeln sind wahrlich für *alle* Schüler verfasst worden und es wird gut für uns sein, sich ihnen zu widmen. Denn die Regeln der Okkultisten waren immer die gleichen und werden immer die gleichen bleiben – in allen Zeiten – in allen Ländern – unter welchem Titel auch immer die Lehre vermittelt wird. Denn sie basieren auf den Prinzipien der Wahrheit, sie sind erprobt, geprüft und haben viele Zeitalter durchwandert, bevor sie uns überliefert wurden. Sie tragen die Spuren des sorgsamen Umgangs der Vielen, die bereits vor uns die Botschaft weitergetragen haben – unserer älteren Brüder und Schwestern im Geiste – jener, die einst den Pfad beschritten haben, den wir nun selbst beginnen zu gehen – jener, die bereits zu den Höhen aufgestiegen sind, die wir einst auch erreichen werden. Diese Regeln sind für *alle,* die den Weg beschreiten – für sie sind sie geschrieben und es gibt keine besseren. Sie kommen von jenen zu uns, die *wissen.*

Erst wenn die Augen nicht mehr weinen können, werden sie sehen. Erst wenn das Ohr unempfindlich geworden ist, wird es hören. Bevor die Stimme in der Gegenwart der Meister sprechen kann, muss sie die Absicht verloren haben, zu verletzen. Bevor die Seele in der Gegenwart der Meister stehen kann, muss das Blut des Herzens ihre Füße bedecken.

Bevor die Augen mit der klaren Sicht des Geistes sehen können, müssen sie für die Tränen des verletzten Stolzes – der lieblosen Kritik – des Missbrauchs – der unfreundlichen Bemerkungen – Beleidigungen – des Spottes – der täglichen Unannehmlichkeiten – des Scheiterns und der Enttäuschungen der menschlichen Existenz – unempfindlich werden. Wir meinen nicht, dass man seine Seele diesen Dingen gegenüber abhärten sollte – im Gegenteil, die okkulten Lehren beinhalten keinerlei Empfehlungen zur Abhärtung. Auf materieller Ebene ist man immer auf die Gunst anderer angewiesen. Je sensibler ein Mensch ist, desto mehr fühlt er die Schmerzen des Lebens, die von außen auf ihn einwirken. Wenn er beginnt zurückzuschlagen – mit selber Münze zu vergelten – wird er umso mehr in das Netz des materiellen Lebens verwickelt. Seine einzige Chance, dem zu entkommen, besteht darin, über diese Ebene hinauszuwachsen und sich in den höheren Regionen des Verstandes und Geistes aufzuhalten und zu bewegen. Das heißt nicht, dass er vor der Welt davon laufen soll – im Gegenteil, wenn jemand versucht, der Welt zu entfliehen, bevor er ihre Lektionen gelernt hat, wird er immer und immer wieder zurückgeworfen, solange bis er sich fügt und die Lektion lernt. Aber nichtsdestotrotz kann jemand, der ein spirituelles Leben führt, so leben, dass er mitten im täglichen Lebenskampf, sogar als „Kapitän" des Getümmels, in Wirklichkeit *über* all dem lebt und es als das erkennt, was es ist – nämlich bloß eine kindische Spielerei von kindesgleichen Männern und Frauen. Und obwohl er seine Rolle gut spielt, weiß er, dass es bloß ein Spiel ist und mit der Wahrheit ganz und gar nichts zu tun hat. Wenn das eintritt, beginnt er durch seine Tränen hindurch zu lächeln, auch wenn er in der Heftigkeit des Spiels umgeworfen wird – er weint nicht mehr – aus Tränen wird ein Lächeln. Da die Dinge in ihrem wahren

Zusammenhang gesehen werden, kann er das Schmunzeln über sich selbst und über andere (oder mit anderen) kaum zurückhalten.

Sobald ein Mensch der Spielereien gewahr wird, denen manche mit großer Überzeugung ihr ganzes Leben widmen, kann er nur lächeln. Wenn er darüber hinaus auch seine eigene Rolle erkennt, die er in diesem Spiel spielt, wird auch das ein Lächeln hervorrufen. Das sind nicht bloß Fantastereien; Ihr wäret überrascht, wenn Ihr wüsstet, wie viele Menschen es gibt, die dieses Spiel in den obersten Etagen mitspielen, sich aber dessen vollkommen bewusst sind. Viele von ihnen spielen ihre Rolle sehr gut, – mit Energie und sichtbarem Engagement – denn ihnen ist der Sinn hinter all dem durchaus bewusst und sie wissen, dass sie dadurch auch notwendige Elemente im Mechanismus der Evolution darstellen. Aber tief in ihrem Innersten sehen sie völlig klar und die Dinge so, wie sie wirklich sind. Ein Mensch, der den Pfad beschreitet, muss tapfer sein und er muss seine emotionale Natur meistern und überwinden. Dieser Grundsatz bezieht sich nicht bloß auf physische Tränen – denn diese steigen oft unwillkürlich in die Augen, obwohl wir gleichzeitig lächeln. Diese Regel bezieht sich darauf, dass es irgendetwas gäbe, über das man zutiefst weinen müsste, sie bezieht sich auf die Gedanken hinter den Tränen und nicht auf die Tränen selbst. Hier gilt es zu lernen, sich aus den persönlichen Zusammenhängen zu lösen und danach zu streben, unsere Individualität wahrzunehmen. Es geht darum, dass wir danach trachten sollen, unser ICH BIN-Bewusstsein zu erkennen, das weit über den Belanglosigkeiten unserer Persönlichkeit liegt. Zu lernen, dass alle diese Dinge unser wahres Selbst nicht verletzen können, dass diese Dinge dem Zahn der Zeit unterworfen und vom Wasser der Ewigkeit hinweg gespült werden, das ist der Sinn dieser Lektion.

In gleichem Maße müssen unsere Ohren ihre Empfindlichkeit gegenüber den unangenehmen Ereignissen auf der Ebene der Persönlichkeit verlieren, bevor sie, frei vom Lärm der Welt, in der Lage sind, die Wahrheit zu hören.

Das Ziel ist es, so weit zu wachsen, dass man diese Dinge zwar hört, aber innerlich lächeln kann, da man sich seiner Seele, ihrer Kraft und Bestimmung gewahr und sicher ist. Man muss in der Lage sein, ein unfreundliches Wort – eine ungerechtfertigte Kritik – eine spöttische Bemerkung zu hören, ohne dabei in seinem wahren Selbst tangiert zu werden. Der Schüler muss solche Angelegenheiten auf der materiellen Ebene belassen, wo sie auch hingehören und darf seiner Seele niemals erlauben, in diese Niederungen hinab zu steigen, wo sie Schaden erleiden kann. Er muss lernen zu ertragen, dass auch die Dinge, die ihm heilig sind, von jenen, die sie nicht verstehen, ins Lächerliche gezogen werden – man kann es ihnen nicht wirklich vorwerfen, denn sie wissen nicht, was sie tun. Lass die Kinder plappern, schimpfen und lachen – es tut ihnen gut, und es kann Dir und der Wahrheit keinen Schaden zufügen. Lass die Kinder spielen – es ist ihre Natur – eines Tages werden sie (so wie Du) die Wachstumsschmerzen spirituellen Heranreifens erfahren und sie werden denselben Prozess durchlaufen wie Du jetzt. Du warst auch einmal so wie sie – und sie werden irgendwann wie Du sein. Wie im Sprichwort: „Beim einen Ohr rein und beim anderen raus" – erlaube ihnen nicht, Dein wahres Bewusstsein zu erreichen. Dann werden Deine Ohren die Dinge hören, die für sie wirklich bestimmt sind – sie werden zu dem Eingang, durch den Wahrheit eintreten kann.

Ja, – *„bevor die Stimme in der Gegenwart der Meister sprechen kann, muss sie ihre Absicht zu verletzen abgelegt haben."* Die Stimme die noch schimpft, lügt, missbraucht, sich beklagt und verletzt, kann niemals die höheren Ebenen erreichen, in denen das fortgeschrittene Wissen der Menschheit wohnt.

Bevor die Stimme von den in Weisheit und spiritueller Intelligenz höher stehenden Wesen gehört werden kann, muss sie die Absicht, andere mit unfreundlichen Worten zu verletzen, längst hinter sich gelassen haben und sich des Spottes und jeglicher unwürdigen Sprache entledigt haben. Der entwickelte Mensch zögert nicht, die Wahrheit auszusprechen, auch wenn sie gerade unerfreulich scheint, wenn es ihm richtig erscheint. Aber er spricht immer im Tonfall eines liebenden Bruders, der nicht kritisiert oder von der „ich bin heiliger als Du" Position herabschaut, sondern der einfach den Schmerz des anderen fühlt, seine Missverständnisse sieht – und ihm seine helfende Hand reicht. So jemand ist über den Wunsch „zurück zu reden" längst hinausgewachsen und hat keinerlei Bedürfnis, jemanden mit unfreundlichen Bemerkungen herabzusetzen oder es dem anderen dadurch heimzuzahlen, indem er ihm zu verstehen gibt: „Du bist anders." Diese Dinge müssen abgelegt werden, wie ein abgenützter Mantel – Der entwickelte Mensch braucht sie nicht.

„Bevor die Seele in der Gegenwart der Meister stehen kann, muss das Blut des Herzens ihre Füße bedecken." – das ist eine schwierige Formulierung für viele, die am Anfang des Weges stehen. Manche werden durch das eigene Verständnis des Wortes „Herz" von der wahren Bedeutung dieser Regel abgelenkt, – sie glauben, es bezieht sich auf die Liebesfähigkeit. Doch das ist damit nicht gemeint. Einweihung verlangt niemals, wahre Liebe auszulöschen – sie lehrt, dass Liebe eines der größten Privilegien des Menschen darstellt und dass im

Zuge seiner Entwicklung auch seine Liebesfähigkeit wächst, bis sie irgendwann sein ganzes Leben erfüllt. Das Wort „Herz" ist hier im Zusammenhang mit der emotionalen Natur des Menschen zu verstehen und bezieht sich auf die Instinkte des niedrigeren und eher animalischen Bewusstseins. Sich davon zu verabschieden, erscheint uns tatsächlich so, als würden wir unser Herz herausreißen, denn wir glauben, dass sie ein fester Bestandteil von uns sind. Wir beginnen uns zuerst von dem einen, dann von dem nächsten Teil unserer animalischen Natur zu verabschieden – und das unter Schmerzen – und unsere spirituellen Füße werden sprichwörtlich im Blut unserer Herzen gewaschen. Gelüste – Begehrlichkeiten der niedrigeren Natur – Sehnsüchte des animalischen Teiles von uns – alte Gewohnheiten – Konventionen – überlieferte Gedanken – Illusionen, die die ganze Menschheit fehlleiten – alle diese Dinge sind im Fleisch und Blut der Menschen verankert, und doch müssen sie überwunden und abgeworfen werden; eines nach dem anderen; zu Beginn mit viel Widerstand und Zweifel – und dann mit Schmerz und Herzblut, bis wir eine Position erreichen, von der aus wir sehen können, warum es notwendig war. Nicht nur müssen die Sehnsüchte des niederen Selbst überwunden werden, sondern wir müssen uns notwendiger Weise auch von vielen Dingen trennen, die uns immer lieb und teuer waren, die uns aber nun, da sich das pure Licht aus unserem höheren Selbst ergießt, wie kindische Vorstellungen vom Glück erscheinen. Aber obwohl wir diese Dinge als das was sie sind erkennen, schmerzt es immer noch, uns von ihnen zu trennen und so schreien wir laut und unser Herz blutet.

In den meisten Fällen kommen wir dann an eine Weggabelung – an eine Stelle, an der wir uns von Gefährten trennen müssen, die uns lieb und teuer waren; und doch müssen wir sie verlassen, sie ihrer Wege gehen lassen und selbst einen für uns neuen und (von uns) unerprobten geistigen Weg beschreiten. Das alles bedeutet Schmerz. Dazu kommt noch, dass die geistige und spirituelle Einsamkeit, die uns während der ersten Schritte auf dem Pfad überkommt, ein grauenvoller Zustand ist. Das ist die erste Initiation, durch die schon so viele geprüft wurden, die diese Worte lesen – dieses schreckliche Gefühl, völlig alleine zu sein – ohne auch nur *Einen* in der Nähe zu haben, der unsere Gefühle versteht und nachvollziehen kann. Dazu kommt noch die Wahrnehmung der großen Probleme des Lebens, während andere keinerlei Kenntnis von der Existenz irgendeines ungelösten Problems haben und dementsprechend ihren Weg weiter gehen – tanzend, kämpfend, streitend; – mit allen Anzeichen spiritueller Blindheit, während Du alleine stehen und den schauerlichen Anblick ertragen musst.

Dann ergießt sich das Herzblut endgültig. Die Wahrnehmung allen Leidens auf der Welt, die eigene Unfähigkeit, den Sinn darin zu erkennen, das Gefühl von Machtlosigkeit, ein wirksames Mittel dagegen zu finden, all das bringt Dein Herz zum Bluten. All das wird durch Dein spirituelles Erwachen verursacht – der materiell orientierte Mensch hat von all dem nichts gefühlt – hat von all dem nichts gesehen.

Und dann, erst dann, wenn die Füße der Seele im Blute des Herzens getränkt sind, beginnt das Auge die spirituellen Wahrheiten zu sehen – beginnt das Ohr, sie zu hören – und die Zunge wird fähig, diese Wahrheiten anderen zu vermitteln und sich mit jenen auszutauschen, die schon auf diesem Weg fortgeschrittener sind.

Und dann erst kann die Seele aufrecht stehen und in das Angesicht anderer entwickelter Seelen blicken, denn sie hat begonnen, die Mysterien der Welt zu verstehen – die

Bedeutung von all dem – dann erst ist sie in der Lage, Teile des großen Plans zu begreifen – kann erleben, wie es sich anfühlt, sich der eigenen Existenz wirklich bewusst zu sein und kann mit voller Überzeugung sagen: „Ich bin." Sie hat sich selbst gefunden – hat den Schmerz bezwungen, in dem sie über ihn hinausgewachsen ist. Nimm diese Wahrheiten mit in die Stille und lass sie einsinken in Deinen Geist, damit sie Wurzeln schlagen, wachsen, blühen und Früchte tragen können.

1. Vernichte jegliches Streben.
2. Vernichte das Verlangen nach Leben.
3. Vernichte die Sehnsucht nach Annehmlichkeiten.
4. Arbeite so wie jene, die ehrgeizig sind; respektiere das Leben so wie jene, die danach verlangen; sei glücklich so wie jene, die dafür leben, glücklich zu sein.

Viele der okkulten Wahrheiten sind in der Form des Paradoxons geschrieben – um beide Seiten der Medaille sichtbar zu machen. Das geschieht in Übereinstimmung mit der Natur und ihrem Plan. Alle Wahrheiten sind nur Teilstücke der Wahrheit, alles hat zwei Seiten, jedes Stückchen Wahrheit ist bloß die Hälfte der ganzen Wahrheit, jede ernsthafte und intelligente Suche wird die andere Hälfte zu Tage bringen – alles „ist und ist nicht" – jede vollständige Darstellung der Wahrheit muss daher in Paradoxa beschrieben werden. Das ergibt sich daraus, dass unser begrenzter Standpunkt immer nur eine Seite einer Sache zur gleichen Zeit betrachten kann. Vom Standpunkt der Unendlichkeit aus gesehen, sind alle Seiten gleichzeitig sichtbar – alle Punkte einer Kugel sind für den unendlichen Blick sowohl *rundherum* als auch durch die Kugel *hindurch* sichtbar.
Die oben genannten Regeln sind Illustrationen dieses Gesetzes

des Paradoxons. Üblicherweise werden sie vernachlässigt und sind für die meisten Leser nicht verständlich. Dabei sind sie sehr rational und vernünftig und absolut wahr.

Betrachten wir sie näher: Der Schlüssel zu diesen (und allen Wahrheiten) liegt in der Fähigkeit zwischen „relativen" oder niedrigeren Standpunkten und Sichtweisen und der „absoluten" oder höheren Sichtweise zu unterscheiden. Merke Dir das gut, denn es wird Dir sehr hilfreich sein, um Licht in so manchen dunklen Winkel zu bringen und manche schwierig anmutenden Äußerungen leichter zu verstehen.

Machen wir die Probe anhand dieser vier Regeln:

Wir werden aufgefordert, „unser Streben auszulöschen." Der gewöhnliche Leser schreckt vor dieser Äußerung zurück und wird lautstark behaupten, dass ihn so ein Verhalten zu einem geistlosen und wertlosen Geschöpf machen würde, da ja gerade das Streben und der Ehrgeiz die Grundlagen für die Errungenschaften des Menschen darstellen. Doch dann sieht er, als er schon das Buch zur Seite legen will, im vierten Absatz die Anweisung: „Arbeite so wie jene, die voll Ehrgeiz sind" – und nun wird er noch mehr verwirrt sein, es sei denn, er liest sie mit den Augen des spirituellen Geistes. Aber das ist durchaus möglich – ja es ist absolut machbar und korrekt. Der „Eifer", der hier angesprochen wird, ist die Emotion, die den Menschen dazu treibt, aus selbstherrlichen und selbstsüchtigen Motiven heraus zu handeln und ihn weiters dazu bringt, alle anderen zurückzudrängen oder zu zerstören, die ihm im Weg stehen und jeden an die Wand zu drücken, mit dem er in Kontakt tritt. Solch ein Eifer ist nichts anderes als eine Verfälschung von wahrer Ambition und ist vergleichbar mit den verfälschten, ungesunden und morbiden Gelüsten, die sich als Hunger und Durst ausgeben – oder den wild geschmückten Kostümierungen, die nichts anderes sind, als eine Verfremdung des natürlichen Instinktes, praktische Bekleidung zum Schutz vor dem Wetter anzuziehen – oder dem absurden Verlangen, in palastartigen Villen zu wohnen, eine Belastung für diejenigen und auch für andere und im Grunde nichts anderes, als die Verfremdung des natürlichen Bedürfnisses nach einem Heim, einem Ort des Schutzes und der Geborgenheit – oder den zügellosen und erotischen Praktiken von Männern und Frauen, die bloß Verfremdungen des natürlichen sexuellen Instinktes sind, der in erster Linie der Erhaltung der Art dient.

Der "ambitionierte" Mensch wird krank durch seinen Erfolg, denn sein Instinkt wurde pervertiert und unnatürlich. Er glaubt, dass ihm die Dinge, nach denen er strebt, Glück einbringen werden, doch er wird enttäuscht – sie zerfallen zu Asche, wie Früchte aus dem Toten Meer – denn sie sind nicht die Quelle dauerhaften Glücks. Er bindet sich selbst an die Dinge, die er erschafft und wird deren Sklave und nicht deren Meister. Er betrachtet Geld nicht als Mittel, um Nahrung und andere grundlegende (geistige und körperliche) Bedürfnisse für sich und für andere Mitmenschen abzusichern, sondern als einen Wert an sich – er hat die Mentalität des Geizhalses. Oder er strebt nach Macht aus selbstsüchtigen Motiven – um seinen Stolz zu befriedigen – um der Welt zu zeigen, dass er mächtiger ist als seine Mitmenschen – um sich über die Masse zu erheben.

All das sind armselige, kleingeistige und kindische Ambitionen, eines wahren Menschen nicht würdig, und erst wenn man ihnen entwachsen ist, kann Fortschritt wirklich beginnen – allerdings sind es vielleicht gerade diese Erfahrungen, die für sein Erwachen letztlich hilfreich sind.

Kurz gesagt, der Mensch der unnatürlichen Ambitionen handelt aus selbstsüchtigem Verlangen und Motiven heraus und wird zwangsläufig enttäuscht, denn er heftet seine Hoffnungen an Dinge, die ihm in der Stunde der Not nicht zur Seite stehen; er stützt sich buchstäblich auf brüchiges Schilfrohr.

Sehen wir uns nun die andere Seite der Medaille an: Die vierte Regel beinhaltet die Worte: "Arbeite wie jene, die voll Ehrgeiz sind." Da ist es. Einer, der so arbeitet, mag für die Welt als typisch ehrgeiziger Mensch erscheinen, aber die Ähnlichkeit ist bloß äußerlich. Der „ehrgeizige" Mensch ist nicht das gesunde Beispiel. Der Mensch, der aber für die Sache selbst arbeitet – der Sehnsucht gehorchend – dem Wunsch zu kreieren; der Mensch, der dem kreativen Teil seiner Natur Ausdruck verleiht – der weiß, worum es wirklich geht. Und letzterer ist auch wesentlich besser in der Lage, gute Arbeit zu verrichten – länger anhaltende Arbeitsergebnisse zu erreichen als ersterer. Und abgesehen davon, dass er Freude aus seiner Arbeit bezieht – er fühlt die Freude, die vom Tun kommt – er lässt auch die kreativen Impulse des großen Ganzen einfließen – er hat Erfolg, er ist glücklich während seiner Arbeit und durch seine Arbeit. Und solange er seinen Idealen treu bleibt, wird er in Sicherheit sein, seine Freude wird beständig bleiben und sein Beitrag in der Welt wird ein guter sein. Aber wenn er die Leiter des Erfolges erklimmt, ist er schlimmen Versuchungen ausgesetzt, die oft dazu führen, dass die heillosen Ambitionen wieder Besitz von ihm ergreifen. Das Ergebnis ist, dass er in nächsten Inkarnationen diese Lektionen so lange lernen muss, bis er sie gemeistert hat. Jeder Mensch hat seinen Beitrag in der Welt zu leisten, und er sollte es in der Weise tun, die ihm im Moment als die bestmögliche erscheint – er sollte es liebevoll tun – er sollte es intelligent tun. Und er sollte seinem Drang, die Dinge bestmöglich zu tun, vollen Ausdruck verleihen – sie besser zu tun, als jemals zuvor (nicht um

15

andere zu übertrumpfen, sondern weil die Welt die Dinge bestmöglich braucht).

Wahrer Okkultismus lehrt nicht, dass der Mensch permanent mit der Aufmerksamkeit auf seinen Nabel meditierend herumsitzen sollte, wie es bei manchen unwissenden Hindu-Fakiren und deren Anhängern üblich ist, die die Sprüche ihrer Yogi-Lehrer einfach nur nachäffen und deren Lehre zur Schau stellen. Ganz im Gegenteil, er lehrt, dass es die Pflicht und ein heiliges Privileg des Menschen ist, sich an der Arbeit der Welt zu beteiligen, und dass derjenige, der in der Lage ist, Dinge ein bisschen besser zu machen als sie davor jemals waren, ein wahrhaft gesegneter Mensch und ein Wohltäter der Menschheit ist. Er würdigt den göttlichen Drang zur Schöpfung, der in allen Männern und Frauen zu finden ist, und sieht die Sinnhaftigkeit, diesem auch in vollem Maße Ausdruck zu verleihen. Er lehrt, dass kein Leben vollständig ist und es sich erst dann erfüllen kann, wenn eine sinnvolle Arbeit ein Teil dieses Lebens ist. Er beinhaltet den Glauben, dass sinnvolle Arbeit der spirituellen Entwicklung dienlich ist – ja sogar notwendig. Es wird hier nicht eine sinnlose Schufterei beschönigt – nein, darin liegt nichts Schönes – aber es wird gelehrt, dass in der bescheidensten Aufgabe etwas Interessantes für denjenigen, der es erkennen kann, liegt. So jemand findet immer einen Weg, die Aufgabe eine Spur besser zu machen und fügt auf diese Weise seinen Teil zu dem schon bestehenden Wissen der Welt hinzu. Die Lehre spricht von wahrer Ambition – diese Liebe zur Arbeit um der Arbeit selbst Willen – sie spricht nicht von der Arbeit, die nach falscher Anerkennung sucht. Wenn diese Regel also davon spricht: „Vernichte alle Ambition..." und weiter: „Arbeite wie jene, die ehrgeizig sind", dann wirst Du es nun verstehen. So ein Leben zu führen, ist für jene möglich, die „Karma Yoga" verstehen.

(„Karma Yoga" ist ein Zweig der Yoga-Philosophie.)

Lies diese Zeilen einige Male, bis Du sie vollständig begriffen hast – bis Du sie sowohl *spüren* als auch sehen kannst. Die Essenz dieser Lektion über Ambition, Eifer und Ehrgeiz könnte man so zusammenfassen: Vernichte die *relative* Ambition, die dazu führt, dass Du Dich an die Objekte Deiner Arbeit und die Anerkennung für sie bindest, was Dir außer Enttäuschungen und die Unterdrückung Deiner Entwicklung nichts einbringen wird – jedoch entwickle und fördere in Dir die *absolute* Ambition, die aus dem Antrieb zur Arbeit für die Sache selbst entsteht – die demjenigen Freude bringt, der so arbeitet – aus dem innerlichen Drang und der Sehnsucht nach Ausdruck der göttlichen schöpferischen Kraft – die Dich dazu bringt, genau die Dinge zu tun, die Du zu tun hast und das in der besten Art und Weise und wenn es Dir möglich ist, besser als sie jemals zuvor getan wurden. Sie wird Dich befähigen, im Einklang und in Harmonie mit der Arbeit des Göttlichen, die unaufhörlich voranschreitet, zu handeln, anstatt in Dissonanz zu ihr zu sein. Lass die göttliche Energie durch Dich hindurch arbeiten und sich selbst völlig in Deiner Arbeit entfalten. Öffne Dich für diese Energie und Du wirst die Freude schmecken, die durch Arbeit von dieser Qualität kommt – das ist wahre Ambition – alles andere ist bloß ein trauriger Abklatsch, der das Wachstum der Seele behindert.

„Vernichte das Verlangen nach Leben", besagt die zweite Regel – aber die vierte antwortet darauf: *„Respektiere das Leben so wie jene, die es begehren."* Ein weiteres Paradoxon, das hier eine Wahrheit beschreibt. Es bedeutet, dass der Mensch sich von dem Gedanken lösen soll, dass das physische Leben alles ist. Diese Ansicht verhindert das Erkennen und Wahrnehmen des erweiterten Lebens der Seele und macht das jeweils eine,

körperliche Leben, zu Allem, anstatt zu einem bloßen Sandkorn am Strand des ewigen Lebens. Der Mensch sollte in der Art wachsen, dass er *fühlen* kann, dass er immer *lebt* und immer leben wird, ob er nun in einem Körper weilt oder nicht und dass dieses jetzige physische „Leben" bloß ein Werkzeug für das Wahre Selbst ist, das niemals sterben kann. Deshalb beende das Verlangen nach Leben, das nur dazu führt, den Tod zu fürchten und Dich dazu verleitet, die körperliche Existenz übermäßig wichtig zu nehmen, zum Nachteil des größeren Lebens und Bewusstseins. Entferne die Idee aus Deinem Denken, dass *Du* stirbst, wenn der Körper stirbt – denn Du lebst weiterhin, genau so lebendig, wie jetzt in diesem Moment, vielleicht sogar mehr als jetzt. Betrachte das körperliche Leben als das was es ist, und lass Dich nicht täuschen. Hör auf, mit Schrecken auf den „Tod" zu blicken, egal ob es Dich oder andere betrifft. Der Tod ist genauso natürlich und erfreulich wie das Leben. (In diesem Stadium der Entwicklung).

Es ist schwer, den alten Horror vor der körperlichen Auflösung abzuschütteln und es bedarf einiger harter innerer Kämpfe, bevor der Mensch dazu in der Lage ist, diese abgenützte Täuschung, die an der Menschheit haftet, abzuwerfen und an ihre Stelle den unerschütterlichen Glauben an künftiges Leben zu stellen. Die Kirchen lehren das „jenseitige Leben", auf das sich alle Gläubigen freuen und ausrichten sollen, aber dieselben „Gläubigen" zittern und erschauern bei dem Gedanken an den Tod und kleiden sich in Schwarz, wenn ein Freund gestorben ist, anstatt ihm Blumen zu streuen und ihrer Freude Ausdruck zu verleihen, dass er in „einem besseren Land" angekommen ist. (Um die Phrase zu zitieren, die hier am häufigsten gebraucht wird, eine Phrase, die aber keinen Trost bringt). Der Mensch muss zuerst in das positive „Gefühl" oder

Bewusstsein des ewigen Lebens hineinwachsen, bevor er in der Lage ist, diese alte Furcht abzulegen. Keine Glaubenslehre, kein gesprochenes Bekenntnis kann das bewirken, bevor dieses Bewusstseinsstadium erreicht ist. Für denjenigen, der in seinem Bewusstsein den Fortbestand seiner Individualität „fühlt", ebenso wie die Kontinuität des Lebens abseits des Grabes, für den verliert der Tod seinen Schrecken und das Grab seine Schauerlichkeit; das „Verlangen nach Leben" im relativen Sinn ist abgelegt, denn das Wissen um das Leben im absoluten Sinn hat seinen Platz eingenommen.

Aber wir dürfen die andere Seite der Medaille nicht vergessen. Lies die vierte Regel erneut: *„Respektiere das Leben so wie jene, die es begehren."* Das bezieht sich nicht nur auf das Leben anderer, sondern auch auf das eigene physische Dasein. Denn in dem Du die Vorstellung der relativen Wichtigkeit des Lebens im Körper loslässt, darfst Du nicht in das andere Extrem verfallen, in dem Du das körperliche Leben verneinst und ablehnst. Der Körper gehört Dir und folgt dem göttlichen Plan und ist wahrlich der Tempel des Geistes. Wenn es für Dich nicht gut wäre, einen Körper zu haben, sei versichert, Du hättest keinen. In diesem Stadium Deiner Entwicklung ist er notwendig und Du wärst ohne ihn nicht in der Lage, die Arbeit an Deiner spirituellen Entfaltung zu bewerkstelligen. Lass Dich daher nicht zu der Torheit verleiten, den Körper gering zu schätzen oder das physische Leben als etwas anzusehen, das Deiner nicht würdig ist.

Sie sind in diesem Stadium im höchsten Maße wertvoll und machen es Dir möglich, Großes durch sie zu bewerkstelligen. Sie gering zu schätzen, wäre vergleichbar mit der Ablehnung eine Leiter zu verwenden, um auf eine höhere Sprosse zu gelangen. Du solltest wirklich *„das Leben so wie jene respektieren, die es begehren"* und Du sollst den Körper respektieren, wie jene, die denken, der Körper ist das *Selbst*. Der Körper soll als ein Instrument der Seele und des Geistigen verstanden werden und sollte so rein, so gesund und so stark wie möglich erhalten werden. Auch sollten alle Mittel angewendet werden, die der Verlängerung des „Lebens" in dem Körper, der Dir gegeben wurde, dienlich sind. Er sollte geachtet und gut behandelt werden. Sitz nicht herum und verzehre Dich über Deine Begrenztheit in diesem Leben – Du wirst nie wieder die Chance haben, die Erfahrungen zu sammeln, die Du jetzt gerade machst – mach das Beste daraus. Dein „Leben" ist etwas Wundervolles und Du solltest im „Jetzt" leben und alle Freude aus jedem einzelnen Moment schöpfen, so wie es einem entwickelten Menschen entspricht. „Leben, Leben, noch mehr Leben" hat ein Autor einmal ausgerufen – und er hatte recht. Koste jeden Moment Deines Lebens aus und zwar in einer normalen, gesunden und reinen Art und Weise – wissend, was Leben bedeutet und lebe, ohne Dich über die Vergangenheit oder die Zukunft zu sorgen. Du befindest Dich jetzt in der Ewigkeit, genau so sehr, wie Du es immer sein wirst – warum also nicht das Beste daraus machen. Es ist immer „Jetzt" im Leben – und der Nachschub von „Jetzts" wird nie versiegen. Wenn Du danach fragst, was dieses Nicht-Begehren nach Leben mit seinem Gegensatz dazu – das Respektieren, als *würdest* Du es begehren – bedeutet, dann würden wir es so zusammenfassen: Dieses Begehren bezieht sich auf das *relative* Begehren, das aus dem Missverständnis hervorgeht, das physische Leben sei das Einzige.

Das *absolute* Sehnen nach Leben beruht auf dem Wissen um das *ganze* Leben und dem Wissen um die Bedeutung dieses *kurzen körperlichen* Lebens – und daher begehrt der entwickelte Mensch es nicht, er schätzt es aber auch nicht gering und begehrt es aufrichtig, denn es ist ein *Teil* seines ganzen Lebens, ein Teil, den er nicht missen möchte, von dem er sich nicht trennen möchte, denn jeder Teil dieses göttlichen Plans gehört zu ihm. Der entwickelte Mensch fürchtet weder den Tod, noch sucht er ihn – er strebt weder das eine, noch das andere an (im relativen Sinn) und doch begehrt er beides, nämlich im absoluten Sinn. So ein Mann oder so eine Frau ist unbesiegbar – sowohl Leben, als auch der Tod haben ihren Schrecken für so jemanden vollständig verloren. Wenn dieses Bewusstsein einmal erlangt wird, ist diese Person mit einer derart starken Kraft erfüllt, dass seine Ausstrahlung in seiner Umgebung wahrgenommen wird. Verinnerliche diese Worte: *Fürchte weder Tod, noch Leben. Fürchte den Tod nicht, aber suche ihn nicht.* Wenn Du dieses Stadium erreicht hast, dann weißt Du wirklich, was Leben ist – was der Tod ist – denn beides sind Manifestationen von LEBEN.

Die dritte Regel sagt uns: *„Vernichte das Verlangen nach Annehmlichkeiten"* – aber die vierte fügt dem hinzu: *„Sei glücklich, wie jene, die leben, um glücklich zu sein."* Dieser Spruch ist ebenso paradox und folgt derselben Argumentationslinie, wie die vorhergegangenen. Sein augenscheinlicher Widerspruch ergibt sich wieder aus den zwei Sichtweisen, nämlich der relativen und der absoluten Sichtweise. Diese Lösungsformel kannst Du auf alle scheinbar widersprüchlichen Aussagen der okkulten Lehre anwenden, und Du wirst bemerken, dass Du jeden einzelnen Bestandteil herausarbeiten und überprüfen kannst. Wenden wir sie gleich an.

„Vernichte das Verlangen nach Annehmlichkeiten". Auf den ersten Blick klingt es wie eine Aufforderung zu extremer Askese, aber das ist nicht die wahre Bedeutung. Vieles, was unter dem Titel Askese geschieht, ist nichts anderes, als ein

Davonlaufen vor Dingen, die wir für zu angenehm halten. Es scheint eine allgemeine Auffassung von Menschen aller Religionen zu sein, dass etwas, das Freude verursacht, notwendigerweise auch „böse" sein muss. Ein Schriftsteller ließ in einem seiner Werke einen seiner Charaktere folgendes sagen: „Es ist so schade – es scheint, alles was Freude macht, ist schlecht." Es gibt offenbar nach wie vor den Glauben, dass Gott sich am Unglück der Menschen erfreut und möchte, dass sie Dinge tun, die ihnen keine Freude bereiten.

Dementsprechend missbilligen sogenannte „religiöse" Leute auch die ganz normalen Freuden des Lebens und verhalten sich so, als wäre ein Lächeln eine Beleidigung Gottes.

Das ist alles ein Irrtum. Alle normalen Freuden sind dem Menschen zu seinem Nutzen gegeben – jedoch dürfen nicht *sie* den Menschen benützen. Der Mensch muss immer der Meister bleiben und nicht der Sklave sein, auch in Bezug auf die Freuden in seinem Leben. In einigen okkulten Übungen werden die Schüler in der Kultivierung ihres Willens unterrichtet. Manche Übungen enthalten die Aufforderung, Dinge zu tun, die der Schüler ablehnt und die für ihn unangenehm sind. Jedoch liegt der Sinn dieser Übungen darin, seinen Willen zu stärken und nicht darin, dass in der Verrichtung einer unangenehmen Arbeit irgendein spezieller Wert gesehen wird. Es wird auch kein Vorteil darin gesehen, dass sich ein Schüler in einen Zustand der Selbstablehnung begibt, um Dinge tun zu können, die ihm keinerlei Freude bereiten. Der alleinige Sinn solcher Übungen ist, den Willen in seiner Widerstandsfähigkeit zu schulen, Verzicht zu üben und Dinge entgegen der Gewohnheiten zu tun. Wenn all das praktiziert wird, führt es automatisch dazu, dass der Wille gestärkt wird. Es beruht auf demselben Prinzip, das auch beim Muskeltraining Anwendung findet. - Der Muskel wird dadurch trainiert, dass er zum Einsatz kommt. Diese Übungen und Praktiken sind grundsätzlich nützlich. Die Fastenzeit und die Bußtage, die in der Katholischen Kirche vorgeschrieben sind, haben beispielsweise diesen Zweck, abseits der religiösen Intention.

Aber kehren wir zum eigentlichen Inhalt dieser Regel zurück. Sie ist keineswegs darauf aus, Askese zu predigen. Der Okkultismus legt darauf keinen Wert. Aber er vermittelt sehr wohl, dass der Mensch sich nicht in einem solchen Ausmaß an die Freuden des Leben binden und hängen soll, dass er aufhört, in der Entwicklung seiner höheren Natur Fortschritte zu machen. Der Mensch kann durch zu viel Luxus ruiniert werden und es gibt einige Beispiele, wo der Einfluss der höheren Kräfte all die Dinge wieder entfernt hat, die das Wachstum des Menschen behindert haben, um ihn wieder in die Lage zu versetzten, ein normales Leben zu führen und auf diese Weise wieder wachsen zu können und sich zu entfalten. Die okkulte Lehre predigt das „einfache Leben". Sie lehrt, dass der Mensch durch zu viel Besitz dazu verleitet wird, dass die Dinge *ihn* besitzen, anstatt dass er der Eigentümer seines Besitzes ist. Er wird zum Sklaven, anstatt zum Meister.

„Vernichte das Verlangen nach Annehmlichkeiten" bedeutet nicht, dass man auf harten Brettern schlafen soll, um damit dem Göttlichen einen besonderen Dienst zu erweisen, oder dass man nur trockenes Brot essen sollte, in der Hoffnung auf die Gunst Gottes – nichts davon hat einen solchen Effekt – Gott lässt sich dadurch nicht bestechen und ist auch nicht erfreut, wenn eines seiner Kinder sich in dieser Weise zum Narren macht.

Aber diese Regel weist doch deutlich darauf hin, dass wir uns nicht an die Vorstellung des Komforts binden sollen und vor allem nicht glauben sollen, dass wahres Glück daraus entspringen kann. Erfreue Dich an den ganz normalen und auch vernünftigen Freuden, die das Leben Dir bietet, aber behalte immer die Meisterschaft über sie und erlaube ihnen niemals, mit Dir Schlitten zu fahren. Und wisse immer, dass wahres Glück aus dem Inneren kommt und dass all der Luxus und alle „Annehmlichkeiten" keine wirkliche Notwendigkeit für den entwickelten Menschen darstellen, sondern bloß dafür da sind, sinnvoll genützt zu werden. Sie alle sind bloß Begleiterscheinungen der physischen Ebene und berühren das Wahre Selbst nicht. Der Mensch, der in seiner Entwicklung bereits fortgeschritten ist, nützt sie als Instrumente und Werkzeuge (oder sogar als Spielzeug, wenn es dafür dient, sich am Spiel des Lebens der anderen zu beteiligen). Aber er sieht diese Dinge immer als das an, was sie sind und lässt sich niemals täuschen. Die Ansicht, Luxus zum Glücklichsein zu brauchen, ist für ihn eine absurde Vorstellung. Im Laufe seiner spirituellen Entwicklung werden seine Vorlieben immer einfacher. Er bevorzugt qualitätsvoll hergestellte Dinge, die für ihren Zweck bestmöglich geeignet sind, doch er lehnt es ab, *zu viele davon zu besitzen* und jegliche Zurschaustellung und Prahlerei ist ihm und seinen Absichten fremd. Er muss also diese Neigungen nicht notwendigerweise „vernichten" – sie werden ihn von sich aus verlassen, da sie in diesem Menschen keinen adäquaten Nährboden vorfinden werden. Verstehe daher die vierte Regel richtig: *„Sei glücklich wie jene, die leben, um glücklich zu sein."* Denn sie macht Schluss mit langen Gesichtern und der Idee von Eintönigkeit. Diese Regel sagt: *„Sei glücklich"* (nicht tu so, als ob Du glücklich wärst) – Sei glücklich wie jene, die für das sogenannte Glück der materiellen Ebene leben. Das ist die gesunde Auffassung. Sei glücklich – lebe daher so, dass Du ein gesundes, normales Glück in jeder Stunde Deines Lebens erfahren kannst. Der

Okkultist ist kein unglückseliger, finster drein schauender, melancholischer Mensch, wie vielleicht gemein hin angenommen wird. Sein Leben und sein tiefes Verständnis erheben ihn über die Sorgen und Ängste der Menschheit. Sein Verständnis über seine Bestimmung ist äußerst inspirierend. Er ist in der Lage, in den stürmischen Fluten des Lebens sicher über die Wellen zu reiten – in jeder Bewegung – und so den Stürmen sicher zu entkommen ohne unterzugehen.

In dem Moment, in dem sich Ereignisse anbahnen, die zu unerfreulich sind, als dass es erwünscht wäre, dass sie sich auf der materiellen Ebene manifestieren, wechselt er sofort in die höhere Ebene seines Geistes, wo alles still, friedlich und ruhig ist und er gewinnt dadurch den Frieden, der mit ihm geht, wenn er wieder auf die alltägliche Ebene zurückkehrt. Der Okkultist ist der glücklichste Mensch, denn er hat aufgehört sich zu fürchten. Er weiß, dass es nichts gibt, wovor er Angst haben müsste. Er hat sich von so manchem Aberglauben verabschiedet, der so viele Menschen in ihren Bann zieht. Er hat Hass und Missgunst hinter sich gelassen und der Liebe ermöglicht, diese freigewordenen Plätze einzunehmen. Er muss daher glücklicher sein, allein aufgrund dieser Veränderungen. Er ist der Vorstellung an einen bösen Gott entwachsen, der ihm gefährliche Fallen stellt – er hat schon lange gelernt, über die Märchen vom gehörnten, pferdefüßigen und feuerspeienden Teufel zu lächeln, der das bodenlose Loch bewacht, in das man gestoßen wird, wenn man seine Gebete nicht spricht oder es vorzieht, an einem schönen Sonntag lieber die Natur zu genießen, anstatt sich mit überkommenen theologischen Predigten berieseln zu lassen. Er hat gelernt, dass er ein Kind Gottes ist, für Großes bestimmt und dass Gott ein liebender Vater (ja, und eine liebende Mutter) ist und kein grausamer Zuchtmeister. Er erkennt, dass er in das Stadium seiner Reife eingetreten ist und für sein Schicksal zu einem großen Teil selbst verantwortlich ist. Der Okkultist ist notwendigerweise ein Optimist – er sieht, dass alles gemeinsam letztlich für das Gute arbeitet – dass das Leben seiner Erfüllung entgegengeht – und dass die Liebe in allem und über allem ist.

All das lernt der Okkultist während seiner Entwicklung – und er *ist* glücklich. Glücklicher als „jene, die leben, um glücklich zu sein."

Halte in Deinem Herzen Ausschau nach der Quelle des Übels und reiße es aus. Es lebt fruchtbar, sowohl im Herzen des hingebungsvollen Schülers, als auch im Menschen der voller Wünsche ist. Nur der Starke kann es entfernen. Der Schwache muss warten, bis es heranwächst, Früchte trägt und abstirbt. Über Zeitalter hinweg wächst diese Pflanze heran. Ihre Blüte erreicht sie erst, wenn der Mensch schon unzählbare Existenzen durchlaufen hat.

Derjenige, der den Weg der Macht gehen will, muss sie aus seinem Herzen verbannen.

Und dann wird das Herz bluten und das ganze Leben dieses Menschen scheint sich aufzulösen. Dieses Leid muss ertragen werden. Es kann gleich am Beginn der gefahrvollen Leiter, die zum Pfad des Lebens führt, geschehen, es kann sein, dass es bis zum letzten Schritt nicht passiert. Aber bedenke, o Schüler, es muss ertragen werden, es bindet die Kraft Deiner Seele an die großen Aufgaben.

Lebe weder in der Gegenwart noch in der Zukunft, sondern in der Ewigkeit. Dieses riesige Gewächs kann dort nicht existieren.

Dieser Makel der menschlichen Existenz wird durch die reine Atmosphäre ewiger Gedanken vernichtet.

Diese Warnung ist eine Zusammenfassung der ersten drei Regeln, die durch die vierte ihre Erklärung finden. Sie leitet den Schüler an, in seinem Herzen nach allen Ideen, die dem Leben nur im relativen Sinn entsprechen, Ausschau zu halten, sie zu erkennen und schließlich abzuwerfen. Diese Vorstellungen von Leben im relativen Sinn entsprechen dem selbstsüchtigen Teil unserer Natur – dem Teil von uns, der uns dazu bringt, uns als besser als einer unserer Brüder anzusehen – dem Teil, der uns von unseren Mitmenschen trennt – als hätte dieser Teil von uns keine Verbindung zum Leben in seiner Ganzheit. Es sind die Ideen und Vorstellungen unserer niedrigeren Geistes- und Verstandesebene, unserer bloß verfeinerten animalischen Seite. Es ist die rohe Seite in uns – wo unsere niederen Gelüste, Leidenschaften, Emotionen und Wünsche ihren Sitz haben. Diese Dinge sind nicht per se böse oder schlecht, aber sie gehören einem niedrigeren Stadium der Evolution an – dem Stadium des animalischen Lebens – einem Stadium, das wir bereits überschritten haben (oder gerade dabei sind, es zu überschreiten), um in das Stadium des Menschen überzutreten. Aber diese Neigungen haben sich über Zeitalter hinweg geformt und sind tief in unserer Natur eingebettet und es bedarf einer geradezu heroischen Anstrengung, sie zu entfernen – und der einzige Weg dazu ist, sie durch einen höheren mentalen Zustand zu ersetzen. Und genau hier wollen wir uns einem gut etablierten Prinzip des okkulten Trainings zuwenden; einem Training, das zudem nur selten in den bekannten Lehren Erwähnung findet. Wir beziehen uns dabei auf die Tatsache, dass es wesentlich einfacher ist, eine schlechte Gewohnheit loszuwerden, in dem man sie durch eine gute ersetzt – und zwar eine, die genau das Gegensätzliche zum Inhalt hat wie jene, die unerwünscht ist. Eine Gewohnheit bei den Wurzeln auszureißen, verlangt nahezu übermenschliche Kräfte und einen ebensolche Willen, aber sie auszusiedeln, in dem man eine gute Gewohnheit an ihre Stelle pflanzt und nährt, ist der viel einfachere Weg und es scheint auch der natürlichere zu sein. Die erwünschte Verhaltensweise wird zunehmend die unerwünschte überwuchern, bis diese nicht mehr existieren kann und nach einem kurzen letzten Gefecht wird sie erlöschen. Das ist die einfachste Methode, um unerwünschtes Verhalten und Gewohnheiten loszuwerden.

Diese relativen geistigen Eigenschaften könnten wir so benennen: Selbstsucht, alle animalische Triebe, eingeschlossen der Sexualtrieb auf der rein *physischen Ebene* (es gibt noch viel mehr, als die rein körperliche Manifestation von Sexualität); Leidenschaften wie Hass, Neid, Missgunst, Eifersucht, Rachsucht, Selbstverherrlichung und Selbsterhöhung sind ebenso ein Teil davon.

Der niedere Stolz ist eine der subtilsten und gefährlichsten Manifestationen und er kommt vor allem wieder und wieder, auch nachdem wir schon dachten, wir hätten ihn längst abgelegt; – er kommt immer wieder zurück, immer in einer noch subtileren Form – als körperlicher Stolz, gefolgt vom Stolz des Verstandes – Stolz aufgrund psychischer Fähigkeiten – spiritueller Entwicklung und Wachstum – Stolz in moralischer Hinsicht oder auf Sittlichkeit und Charakter – der „Ich bin heiliger als Du" Stolz und so weiter, und so weiter. Immer und immer wieder kommt der Stolz, der ewige Verführer und sucht uns heim. Seine Existenz verdankt er der Illusion des Getrenntseins, die uns dazu verleitet, anzunehmen, es gäbe keine Verbindung mit den anderen Manifestationen des Lebens. Das verursacht diesen feindseligen Geist und die unwürdige Rivalität mit unseren Mitmenschen und Mitgeschöpfen, anstatt uns der Tatsache gewahr zu sein, dass wir alle Teil des *einen Lebens* sind – manche weit hinter uns im Staub der niedrigeren Ebenen des Weges; – andere, die mit uns am gleichen Wegabschnitt gehen – und andere, die bereits viel weiter vorangegangen sind als wir selbst – aber *alle* sind wir auf dem Weg – alle sind wir Stückchen des selben großen Lebens. Hüte Dich vor dem Hochmut – dem subtilsten Feind des Fortschritts – und ersetze ihn durch den Gedanken, dass wir alle selben Ursprungs sind – der selben Bestimmung entgegengehen – denselben Weg dorthin beschreiten müssen – Brüder und Schwestern sind – Kinder Gottes – lauter kleine Schüler im Kindergarten Gottes.

Lasst uns also erkennen, dass, obwohl jeder von uns alleine für sich stehen muss, bevor die Prüfung für ihn beginnen kann, wir doch alle zusammenhängen und miteinander verflochten sind und dass der Schmerz des einen der Schmerz aller ist – die Verfehlung des einen die Verfehlung aller ist – wir alle Teil einer Gattung sind, die an ihrem Wachstum und ihrem Fortschritt arbeitet – und dass Liebe und brüderliche Verbundenheit die einzig gesunde Haltung darstellt.

Die rohen Instinkte sind immer noch in uns, sie drängen sich immer wieder in unsere Gedanken. Okkultisten lernen die niedrigeren Instinkte zu zügeln und zu kontrollieren und sie den höheren mentalen Idealen zu unterwerfen, die sich zunehmend im Bewusstsein entfalten. Sei nicht entmutigt, wenn Du feststellen musst, dass Du noch viel von Deiner animalischen Natur in Dir hast – wir alle haben sie – der einzige Unterschied ist, dass manche von uns gelernt haben, die Bestie zu zähmen und in Schach zu halten und in Unterwerfung und Gehorsam gegenüber den höheren Anteilen unserer Natur zu üben, während andere dem Biest erlauben, sie zu beherrschen.

Deshalb erschauern sie, machen am Absatz kehrt, sobald die Bestie ihre Zähne zeigt, denn sie scheinen nicht zu wissen, dass ein festes Auftreten und ein ruhiges Gemüt das Biest dazu zwingt, den Rückzug anzutreten und in einer Ecke zu verharren und dass sie so vor ihm sicher sind.

Wenn Du ständig Erscheinungsformen des Biestes in Dir ausmachst und spürst, wie es sich befreien will, um seine alte Macht wieder anzunehmen, sei nicht beunruhigt. Das ist kein Zeichen der Schwäche, sondern ein Zeichen, dass Dein spirituelles Wachstum begonnen hat. Denn nun erkennst Du es, das Ungeheuer – und Du bist beschämt; zuvor hast Du seine Anwesenheit gar nicht bemerkt – wusstest nicht um seine Existenz, denn Du *warst* diese rohe Gestalt. Nur dadurch, dass Du nun versuchst, Dich von ihm zu trennen, fühlst Du Dich von seiner Anwesenheit beschämt. Du kannst es nicht sehen, bevor Du nicht „verschieden" von ihm bist. Lerne ein Tierbändiger zu werden, denn Du hast eine ganze Menagerie in Dir: – den Löwen, den Tiger, die Hyäne, den Affen, das Schwein, den Pfau und all die anderen – sie zeigen die ganze Bandbreite ihrer Charaktereigenschaften. Fürchte Dich nicht vor ihnen – lächle sie an, wenn sie sich zeigen – denn Du bist stärker als sie und kannst sie unter Deine Herrschaft bringen – ihre Anwesenheit ist nützlich für Dich – durch ihre Existenz kannst Du vieles lernen. Es ist eine amüsante Horde, sobald Du eine distanzierte Haltung einnehmen kannst und sie beobachtest, wie sie ihre Kunststücke vorführen und ihre Mätzchen machen. Dann weißt Du es: Sie sind nicht *Du* – sie unterscheiden sich klar von Dir – und in kürzester Zeit wirst Du von ihnen getrennt sein. Mach Dir keine Sorgen wegen dieser wilden Bestien – denn Du bist der Meister.

Obwohl der vorangegangene Textabschnitt aus „Licht auf dem Pfad" alle Manifestationen der niedrigeren Natur vereint, scheint es so, als wäre die Illusion des niederen Selbst gerade dort zu Hause – der Traum des Getrenntseins – die Zurschaustellung dessen, was wir die „Arbeitsfiktion des Universums" nennen, die uns glauben lässt, wir seien vom Rest der Welt getrennt lebende Wesen – besser, heiliger und höher stehend als alle anderen unserer Art. Das führt zur Entwicklung von Stolz – der Pfau-Teil unserer Menagerie. Wie wir schon gesagt haben, ist das eine der gefährlichsten Eigenschaften unseres niedrigeren Selbst, aufgrund ihrer Subtilität, Hartnäckigkeit und Ausdauer. Im Zitat heißt es: *„Es lebt fruchtbar, sowohl im Herzen des hingebungsvollen Schülers, als auch im Menschen der voller Wünsche ist."* Das mag seltsam klingen, aber jeder erfahrene Okkultist weiß, dass der Stolz immer und immer wieder in überraschend neuen Formen erscheint, auch nachdem er bereits lange überwunden schien – der Stolz über psychische Fähigkeiten – Fähigkeiten des Verstandes – der Stolz aufgrund des spirituellen Wachstums. Dann muss er daran wieder erneut arbeiten.

An dieser Stelle möchte ich darauf hinweisen, dass es auch eine Form von Stolz gibt, die nicht dem niedrigeren Selbst entspringt – man könnte es als die *absolute* Form von Stolz bezeichnen. Wir sprechen von dem Stolz, der immer das Ganze, alles betrifft – ein Stolz, dass das Ganze so groß und wundervoll ist und wir Teil dieses großen Ganzen sind – dass unser Intellekt ein Teil des universellen Geistes ist – dass das spirituelle Wachstum, das wir erleben, ein Teil der großen Möglichkeiten unserer Gattung ist und dass noch viel mehr vor uns liegt. Aber gefährlich wird es dann, wenn wir beginnen, andere davon auszuschließen – egal wen; sobald wir auch nur *eine* andere Manifestation des Lebens (egal wie gering) aus unserem universellen Stolz ausschließen, machen wir daraus einen selbstsüchtigen Stolz. Sobald wir einen Zaun vor irgendjemandem außerhalb von uns errichten, etablieren wir einen selbstsüchtigen Stolz. Denn letztlich gibt es kein Außen. Wir sind *alle* innen – es gibt keinen Platz außerhalb des Alls. Wenn Du Stolz empfindest mit allen Lebewesen – allem Lebendigen – mit allem was ist – dann bist Du nicht selbstsüchtig. Aber sobald Du Dich selbst in eine eigene Klasse erhebst, sei es eine Klasse nur für Dich oder mit Dir und der gesamten Menschheit, aber mit der Ausnahme auch nur eines einzigen Individuums, dann unterstützt Du eine subtile Form des egoistischen Stolzes. Der letzte Mensch darf nicht ausgeschlossen werden – kann nicht ausgeschlossen werden. Nichts, was Dir an Qualitäten eigen ist, gehört *nur* Dir, es gehört immer auch gleichzeitig *allen* und diese Qualitäten werden im Laufe der Zeit auch von allen erlangt werden. Alles was Du für Überlegenheit hältst, ist nur ein Vorsprung im Alter – ein bisschen mehr Erfahrung in dieser Existenzebene.

Dein Hochmut ist der alberne, kindische Hochmut des kleinen Schülers, der gerade die erste Klasse absolviert hat und nun herablassend auf die Horde der Neulinge blickt, die mit dem Schuljahr beginnen, das Du gerade erst absolviert hast. In den Augen der Schüler, die in noch höheren Klassen sind, ist dieses Verhalten Anlass für ein mildes Lächeln – aber der Kleine weiß das nicht – er fühlt sich „groß" und lässt den Pfau in sich glänzen.

Bevor wir zum nächsten Thema kommen, noch ein Wort zu dieser Illustration: Der kleine Kamerad ist zurecht stolz auf das, was er erreicht hat – das ist ein völlig angemessenes Gefühl – das Verhalten des Pfaus tritt nur dann zutage, wenn er auf die anderen, die nach ihm kommen, herabsieht. Das ist der Stoff, aus dem die Torheit des Hochmuts gemacht ist – dieses Gefühl von Überlegenheit gegenüber jenen, die noch nicht so weit gekommen sind wie wir. Ein Gefühl von Freude über die geschaffte Herausforderung, eine gelungene Arbeit, das ist nicht falsch. Aber hüte Dich vor einem Gefühl der Überlegenheit gegenüber jenen, die noch mitten in dieser Aufgabe stecken und sie noch nicht gemeistert haben – denn da liegt der Stachel des Stolzes. Entferne den Stachel und die Wespe wird harmlos.

Wenn Du in Dir hin und wieder die Neigung zur Selbsterhöhung wahrnimmst, dann denke einfach daran, dass Du, im Vergleich zu den Intelligenzen, die schon längst über Dein Entwicklungsstadium hinausgewachsen sind, ungefähr so intelligent bist wie ein Käfer, verglichen mit Deinem jetzigen Niveau. Das alltägliche Leben seelisch hoch entwickelter Menschen ist in den Augen der Wesen, die noch viel, viel höher stehen und deren Seelen bereits die größte Reife erlangt haben, wie ein unbeholfenes Stolpern kleiner Hundebabies, die gerade einmal ihre Augen geöffnet haben. Bedenke das, und Du wirst ein besseres Gefühl dafür bekommen, wo Du stehst und welchen Rang Du derzeit in der Skala der intelligenten Wesen einnimmst. Aber das bedeutet natürlich nicht, dass Du Dich selbst erniedrigen sollst, – keineswegs. So gering wir auch sein mögen, wir sind auf dem Weg des Fortschritts, Großes liegt noch vor uns. Wir können keines noch so kleinen Stückchens des Lebens beraubt werden – unser Erbe kann uns nicht verwehrt werden – wir gehen weiter und weiter, zu immer höheren Höhen. Aber mach Dir klar, dass nicht nur *Du* diesen Weg gehst; – die gesamte Menschheit geht diesen Weg – ja auch der Allerletzte geht ihn. Vergiss das nicht. In der Ewigkeit kann etwas wie selbstsüchtiger Stolz nicht bestehen – das Verstehen hat ihn für immer ausgerottet – *„dieses riesige Gewächs kann dort nicht existieren. Dieser Makel der menschlichen Existenz wird*

durch die reine Atmosphäre ewiger Gedanken vernichtet."
Bevor wir uns mit dem nächsten Absatz aus „Licht auf dem Pfad" befassen, sehen wir uns noch einen Satz aus der aktuellen Textstelle näher an:
„Lebe weder in der Gegenwart, noch in der Zukunft, sondern in der Ewigkeit."
Dieser Satz hat so manchen Schüler erstaunt, da sich die Lehre grundsätzlich für ein Leben im *Jetzt,* mit Blick auf die Zukunft, mit all ihren künftigen Entwicklungsmöglichkeiten, ausspricht. Dieser Satz scheint diesem Grundsatz zu widersprechen. Aber auch hier ist es eine Frage des absoluten und relativen Blickwinkels. Sehen wir nun, ob wir das aufklären können.
Das Leben in der Gegenwart, indem man es als etwas anders als die Zukunft betrachtet, oder das Leben in der Zukunft (in der Vorstellung), indem man es als etwas anderes als das Leben in der Gegenwart betrachtet, ist ein Irrtum. Es entspringt der relativen Sicht. Es ist das alte Missverständnis, das uns dazu verleitet, Zeit und Ewigkeit als getrennt voneinander zu betrachten. Der absolute Blick auf das Thema zeigt uns, dass Zeit und Ewigkeit eins sind – dass wir genau jetzt in der Ewigkeit sind, so wie wir es immer sein werden. Er räumt mit dem Irrglauben auf, dass es eine Abgrenzung zwischen dieser Zeit des sterblichen Lebens und der „Ewigkeit" gäbe, in das wir eintreten, nachdem wir unseren Körper verlassen haben. – Dieser absolute Blickwinkel zeigt uns klar, dass wir hier, in diesem Moment, in unserer fleischlichen Existenz, in der Ewigkeit leben. Es wird uns klar, dass dieses Leben ein unendlich kleiner Teil des großen Lebens darstellt – dass es bloß der Sonnenaufgang zu einem langen Tag des Bewusstseins ist – und dass die größte Torheit der Menschheit darin besteht, diesen kleinen Abschnitt als das einzig wahre und existierende Leben zu betrachten. Aber genau hier darfst

Du nicht den Fehler machen, in das andere Extrem zu verfallen und dieses Leben im Hinblick auf das „zukünftige Leben" zu missachten oder zu verachten. Bedenke das Paradoxon, das in allen wahren Aussagen zu finden ist – die andere Seite der Medaille. Die Gegenwart zu missbilligen ist genau so lächerlich, wie zu leben, als wäre sie das alleinig existierende Leben. So zu denken würde bedeuten, sich dem Irrglauben des „Lebens in der Zukunft" hinzugeben. An dieser Stelle des Buches werden wir davor gewarnt. Dieses Leben (klein und unbedeutend im Vergleich zum großen Leben) ist von höchster Bedeutung für uns – es stellt eine Stufe unserer Entwicklung dar, die wir brauchen; wir dürfen uns nicht davor drücken oder es missachten. Wir sind genau hier, weil es für uns im momentanen Stadium unserer Entwicklung der beste Platz ist und wir können es uns nicht leisten, dieses Leben bloß damit zu verbringen, von der Zukunft zu träumen, denn wir haben Aufgaben zu erledigen, Lektionen zu lernen – und wir werden keinesfalls voranschreiten, bevor wir die gegenwärtigen Aufgaben nicht gemeistert haben. Dieses gegenwärtige Leben ist nicht *alles* – aber es ist ein Teil von *allem* – bedenke dies. Diese Schwierigkeiten in der Unterscheidung zwischen der Gegenwart und der Zukunft verschwinden, sobald wir den absoluten Blickwinkel einnehmen. In dem Moment, in dem wir uns der Realität der Ewigkeit vollständig bewusst werden – und dass das Jetzt die einzige Möglichkeit ist, diese Ewigkeit mit unserem Bewusstsein zu begreifen – ist das Jetzt immer mit uns und in uns. Wenn wir das verstehen, verlieren die Begriffe „Gegenwart" und „Zukunft" ihre frühere Bedeutung. Die Worte Zeit, Ewigkeit, Gestern, Heute, Morgen und Phrasen, wie: „für immer und ewig" werden nun als voneinander nur geringfügig unterschiedliche Manifestationen des ewigen Jetzt gesehen, in dem wir leben und zwar in jedem

Moment unserer Existenz. Dieses Leben in der Ewigkeit bewirkt, dass wir jeden Moment unseres gegenwärtigen Lebens mit Freude bejahen – erlaubt uns, ohne Furcht in die Zukunft zu blicken – bringt uns das Bewusstsein darüber, was wahres Leben ist – hilft uns, das ICH BIN-Bewusstsein zu erleben und ermöglicht uns, die Dinge in ihrer angemessenen Relation zu sehen. Kurz gesagt, dieses Leben in der Ewigkeit gibt dem Leben eine Realität, die sonst fehlen würde und führt dazu, dass alte relative Sichtweisen von uns abfallen wie die welken Blätter der Rose.

Wie die Autorin von „Light on the Path" so wunderschön ausdrückt: *„Dieses riesige Gewächs kann dort nicht existieren. Dieser Makel der menschlichen Existenz wird durch die reine Atmosphäre ewiger Gedanken vernichtet."*

5. Beende jedes Gefühl des Getrenntseins.

6. Beende das Verlangen nach Empfindungen.

7. Beende den Drang nach Wachstum.

8. So steh für Dich alleine, isoliert, denn nichts, was in einem Körper lebt, nichts, was sich des Getrenntseins bewusst ist, nichts, was außerhalb der Ewigkeit ist, kann Dir helfen.

Lerne durch die Sinneswahrnehmung und ziehe Deine Schlüsse daraus, denn nur so kannst Du mit der Wissenschaft der Selbsterkenntnis beginnen und Deinen Fuß auf die erste Sprosse der Leiter stellen.

So sollst Du wachsen, wie die Blume wächst; unbewusst, doch eifrig in ihrem Bemühen, ihre Seele dem Himmel zu öffnen.

Und so musst Du vorwärts drängen, um Deine Seele der Ewigkeit zu öffnen. Aber es muss die Ewigkeit sein, die Deine Stärke und Schönheit heranzieht und nicht das Streben nach Wachstum.

Denn, wo Du in dem einen Fall in aller Pracht der Reinheit eine Entwicklung durchläufst, verhärtest Du im anderen Fall durch das gewaltsame Verlangen nach persönlicher Gestalt und Ansehen.

Hier sind wir wieder mit einer ganzen Reihe von paradoxen Regeln konfrontiert; in den ersten drei Anweisungen werden wir gebeten, bestimmte Verhaltensweisen zu beenden, zu denen wir aber in der vierten Regel (scheinbar) wieder aufgefordert werden.

Dies ist ein weiteres Beispiel des göttlichen Paradoxons, das allen okkulten Lehren innewohnt – die zwei Seiten der Medaille. Lies noch einmal, was wir darüber anlässlich der ersten Regel geschrieben haben, es lässt sich nahezu bei allen Regeln von *„Light on the Path"* anwenden.

Im fünften Leitsatz wird uns gesagt:

„Beende jedes Gefühl des Getrenntseins".

Und der achte zeigt uns wieder die umgekehrte Seite:

„So steh für Dich alleine, isoliert, denn nichts, was in einem Körper lebt, nichts, was sich des Getrenntseins bewusst ist, nichts, was außerhalb der Ewigkeit ist, kann Dir helfen."

Hier werden uns zwei zentrale Wahrheiten vermittelt – und doch sind sie beide nur die unterschiedlichen Seiten ein- und derselben Wahrheit. Untersuchen wir sie nun genauer: Das Gefühl des Andersseins, das uns glauben lässt, wir wären aus einem unterschiedlichen Material gemacht, (ein anderes Material als das unserer Mitmenschen) macht uns selbstherrlich, es führt zu dem „Gott sei Dank, ich bin anders; besser als andere"- Gefühl und ist ein Fehler und Irrglaube und entspringt dem rein relativen Blickwinkel.

Der fortgeschrittene Okkultist weiß, dass wir *alle* Teil des *einen* Lebens sind – unterschiedlich nur in Bezug darauf, wie weit wir entwickelt sind, was wiederum bedeutet, wie sehr wir den höheren Anteilen unserer Natur erlauben, sich durch uns zu manifestieren. Der Bruder der noch nicht so weit entwickelt ist, ist so wie wir einst waren und er wird eines Tages dieselbe Position einnehmen wie wir jetzt. Und wir beide werden mit Sicherheit noch größere Höhen erklimmen — und wenn er seine Lektionen besser lernt als wir, kann es auch vorkommen, dass er uns einmal in seiner Entwickelung überholt. Darüber hinaus sind wir mit den Leben von allen Männern und Frauen verbunden. Wir haben Anteil an Lebensumständen, die auch im Zusammenhang mit ihren Verfehlungen stehen. Wir erlauben, dass in unserer Zivilisation Bedingungen und Lebensumstände herrschen, die hauptsächlich aus Verbrechen und Unglück bestehen. Jeder Bissen, den wir essen, jedes Kleidungsstück, das wir tragen — jeder Geldbetrag, den wir einnehmen — hat eine Verbindung mit anderen Menschen und so ist ihr Leben mit unserem vermischt — wir berühren die ganze Menschheit an tausenden Punkten. Das Gesetz von Ursache und Wirkung macht enge Gefährten aus Personen, die scheinbar so weit voneinander entfernt sind, wie unterschiedliche Pole. Was wir als Sünde bezeichnen, ist oft das Resultat der Ignoranz und einer fehlgeleiteten Energie — wären wir in exakt der selben Position wie jene, die diese Fehler begehen — mit dem selben Temperament, Bildung, Lebensumständen und Chancen — würden wir es um so viel besser machen als sie? Alles Leben ist auf dem Weg — wir alle machen nur langsam Fortschritte und fallen oft nach drei Schritten wieder zwei zurück, und doch gibt es einen tatsächlichen Fortschritt. Alle geben im Grunde ihr Bestes, obwohl es oft ganz und gar nicht danach aussieht. Keiner von uns ist *so* gut oder perfekt — warum also sollten wir dann so schnell urteilen? Geben wir unsere helfende Hand, sooft wir können und sagen wir nicht: „Ich bin heiliger als Du." Erinnern wir uns an das Gebot des großen Meisters, der uns ermahnt hat, den ersten Stein nur dann zu werfen, wenn wir unsererseits frei von Sünde sind.

Vermeiden wir das Gefühl des Getrenntseins, denn es ist eine Falle und Illusion und der Ursprung nahezu jedes Fehlers. Aber nun zur anderen Seite der Medaille. Lasst uns lernen allein zu stehen – wir müssen diese Lektion lernen, um weiter voran zu kommen. Unser Leben ist unser Leben – wir müssen es selbst leben. Niemand anderer kann es für uns leben – und wir können auch nicht für jemanden anderen sein Leben leben. Jeder muss sicher auf eigenen Beinen stehen. Jeder ist für seine eigenen Handlungen verantwortlich. Jeder muss die Früchte ernten, die er gesät hat. Jeder leidet oder erfreut sich entsprechend seiner eigenen Handlungen. Der Mensch ist nur sich selbst und der Ewigkeit verpflichtet. Nichts außerhalb seiner selbst und der Ewigkeit kann ihm helfen. Jede Seele muss ihre eigene Bestimmung erfüllen und es kann keine Seele die Arbeit der anderen übernehmen. Jede Seele hat das Licht des Geistes in sich, das jede benötigte Hilfe bringt und jede Seele muss lernen, in ihrem Inneren diese Hilfe zu suchen. Die Lektionen des Mutes und der Eigenständigkeit müssen von der wachsenden Seele erlernt werden. Sie muss lernen, dass, obwohl ihr nichts von außen helfen kann, ihr auch nichts von außen Schaden zufügen kann. Das Ich ist undurchdringlich gegenüber Unheil und Verletzung, sobald es sich darüber im Klaren ist. Es ist unzerstörbar und ewig. Wasser kann es nicht ertränken – Feuer kann es nicht verbrennen – es kann nicht zerstört werden – es ist und wird immer sein. Es soll lernen, aufrecht zu stehen – auf seinen eigenen Füßen. Wenn es die Sicherheit eines unfehlbaren Helfers braucht – eines Helfers mit unbegrenzter Macht und Weisheit – so soll es in die

Ewigkeit schauen – alles, was es braucht, ist dort.
Die sechste Regel besagt:
„Beende das Verlangen nach Empfindungen."
Die achte wiederum fordert uns auf:
„Lerne durch die Sinneswahrnehmung und ziehe Deine Schlüsse daraus, denn nur so kannst Du mit der Wissenschaft der Selbsterkenntnis beginnen und Deinen Fuß auf die erste Sprosse der Leiter stellen."
Ein weiteres Paradoxon. Versuchen wir, den Schlüssel dazu zu finden. Die Warnung im sechsten Prinzip fordert uns auf, das Verlangen nach Befriedigungen durch die Sinne fallen zu lassen. Die Freuden, die nur durch die Sinne entstehen, gehören der relativen Ebene an. Wir beginnen mit den Freuden, die die gröberen Sinne ansprechen und gehen schrittweise aufwärts zu den Vergnügungen, die durch höhere Sinne möglich werden. Wir wachsen aus einigen Formen dieser Genussbefriedigung heraus. Wir bewegen uns von der reinen Sinneslust zur Empfindsamkeit; von ihren niedrigeren bis zu ihren höheren Graden. Es gibt hier eine konstante Evolution der Sinnesbefriedigung im Menschen. Dinge, die wir gestern noch genossen haben, erscheinen uns heute grob und roh, und so wird es immer sein, wenn wir die Leiter des Lebens hinauf gehen. Wir müssen aufhören uns an diese Sinnesfreuden zu binden – die Seele hat höhere Freuden zu bieten, die uns erwarten. Die Freuden der Sinne sind völlig in Ordnung an ihrer Stelle – sie erfüllen die Aufgabe in der Evolution der Seele – aber die Seele muss sich davor hüten, sich an sie zu *binden*, denn ihr Fortschritt wird sonst verzögert – überflüssiges Gepäck muss abgeworfen werden, wenn die Seele den Weg hinauf beschreitet – hier ist leichtes Gepäck von Vorteil. Die Bänder, die Dich an die Erfüllung durch die Sinne binden, müssen kühn durchtrennt werden, damit Du

Deinen Weg weitergehen kannst. Daher der Satz:

„Beende das Verlangen nach Empfindungen."

Beachte, der Satz verlangt nicht die Beendigung der *Empfindung* an sich – nur das *Verlangen* danach. Weder sollst Du nach Empfindungen verlangen, noch vor ihnen weglaufen, als wären sie böse. Ziehe aus den Empfindungen wertvolle Erfahrungen, in dem Du sie studierst und ihre Lektionen lernst, damit Du sehen kannst, wofür sie gut sind. Dann fällt es Dir leicht, davon abzulassen.

So wie es im achten Absatz heißt: *„Lerne durch die Sinneswahrnehmung und ziehe Deine Schlüsse daraus, denn nur so kannst Du mit der Wissenschaft der Selbsterkenntnis beginnen und Deinen Fuß auf die erste Sprosse der Leiter stellen."*

Das bedeutet nicht, dass Du, um diese Lektionen zu lernen, der Sinnlichkeit nachgeben sollst – der fortgeschrittene Okkultist sollte darüber bereits erhaben sein. Die Sinneslust sollte studiert werden, jedoch sollte sie wie „von außen" betrachtet werden, um daraus Schlüsse zu ziehen und nicht, in dem man seinen Sinnen nachgibt. Die wahre Bedeutung dieses letzten Absatzes liegt in der Fähigkeit, die erlebten Sinneswahrnehmungen zu prüfen, zu wägen, zu untersuchen und einzuschätzen, anstatt sie schaudernd zu betrachten. Diese Dinge sind Teile von uns – sie kommen aus der instinktiven Ebene unseres Geistes und sind unser Erbe aus vorangegangenen niedrigeren Stadien unserer Existenz. Sie sind nicht an und für sich schlecht, aber schlicht und einfach nicht mehr angemessen und passend in unserem gegenwärtigen Entwicklungsstadium. Es sind die Schatten früherer Formen unseres Selbst – die Reflexion von Dingen, die zu Zeiten, wo wir noch in einem animalischeren Stadium existiert haben, natürlich und passend waren, aus dem wir aber nun herausgewachsen sind.

Du kannst viele wertvolle Erkenntnisse gewinnen, wenn Du die Symptome dieser absterbenden Sinnes-Manifestationen beobachtest. Es wird Dir auf diese Art und Weise auch leichter fallen, sie abzuwerfen; leichter, als wenn Du Dich vor ihnen fürchtest, wie vor einer bösen Wesenheit, die außerhalb von Dir existiert; wie vor Versuchungen eines personifizierten Teufels. Mit der Zeit wirst Du ihnen entwachsen sein, ihre Plätze werden durch Dinge, die besser und wertvoller sind, ersetzt werden. Aber betrachte sie bis dahin wie das unbewusste Verlangen von Kindern, Streiche spielen zu wollen. In der Kindheit war das zwar ganz normal, mittlerweile ist es aber weder natürlich noch sehnt man sich danach. Viele bereits erwachsene Personen haben Schwierigkeiten, das Kleinkinderverhalten abzuwerfen, wie Daumenlutschen oder das Drehen einer Haarlocke, das bei Kindern recht süß ist, aber schon dem größer werdenden Kind Spott oder Strafe einbringt. Nach einigen Jahren, manchmal erst durch eine bewusste Willensanstrengung, ist der nun Erwachsene in der Lage, diese als ungewollt erkannten Dinge zu beenden. In dieser Weise sollen wir also diese Symptome betrachten, als Symptome unserer Baby-Tage unseres Seelenlebens und sie loslassen, in dem wir sie verstehen, ihre Natur verstehen, ihre Geschichte, ihre Bedeutung verstehen und sie nicht fürchten als wären sie das Werk des „Teufels". Es gibt keinen Teufel, außer Unwissenheit und Angst.

Die siebente Regel sagt uns: *„Beende den Drang nach Wachstum"* und die achte wiederum fordert uns auf, zu wachsen − *„So sollst Du wachsen, wie die Blume wächst; unbewusst, doch eifrig in ihrem Bemühen, ihre Seele dem Himmel zu öffnen. Und so musst Du vorwärts drängen, um Deine Seele der Ewigkeit zu öffnen. Aber es muss die Ewigkeit* *sein, die Deine Stärke und Schönheit heranzieht und nicht das Streben nach Wachstum. Denn, wo Du in dem einen Fall in aller Pracht der Reinheit eine Entwicklung durchläufst, verhärtest Du im anderen Fall durch das gewaltsame Verlangen nach persönlicher Gestalt und Ansehen."*

Die Autorin hat hier die doppelte Bedeutung dieser Wahrheit völlig klar ausgedrückt. Daher bedarf es hier nur eines minimalen Kommentars, vor allem für jene, die erst am Beginn ihres Weges stehen. Die Unterscheidung zwischen dem „Verlangen nach Wachstum" und der Entfaltung, die sich in der voranschreitenden Seele ereignet, liegt im Motiv. „Verlangen nach Wachstum" im relativen Sinn, meint die Sehnsucht nach Wachstum zur Selbstverherrlichung – einer subtilen Form der Eitelkeit – und verfeinerten Form des selbstsüchtigen Strebens. Und diese Form des Strebens tendiert in Bezug auf Spiritualität in die Richtung, die Okkultisten als „Schwarze Magie" bezeichnen. Es ist das Streben nach spiritueller Macht, um sie für letztlich eigennützige Zwecke verwenden zu wollen oder auch nur das bloße *Gefühl* von mehr Macht, das durch so eine Form der Entwicklung genährt und verstärkt wird. Der Schüler des Okkultismus kann nicht oft genug vor solchen Sehnsüchten und Praktiken gewarnt werden – es ist die dunkle Seite des Bildes – und jene, die es vorziehen, den absteigenden Weg einzuschlagen, werden mit verheerenden Konsequenzen ihrer eigenen Taten konfrontiert und oft dazu gezwungen, über Zeitalter daran zu arbeiten, den Weg zurück zu finden, – den Weg, den die Sonne des Geistes hell erleuchtet. Das natürliche Wachstum der Seele – das Wachstum, das vergleichbar ist mit dem Wachsen der Blume – graduell und unbewusst, aber bestrebt, im dem Sinne, seine Seele gegenüber den wohltuenden Strahlen der zentralen Sonne des Lebens zu öffnen – das Wachstum, das eher das

„Lassen", als das Forcieren beinhaltet, dieses Wachstum ist anzustreben. Dieses Wachstum kommt jeden Tag zu uns, wenn wir uns ihm öffnen. Lass die Seele entfalten und der Geist der Spiritualität wird mehr und mehr in Deinem Bewusstsein Gestalt annehmen. Viele Schüler quälen sich selbst und ihre Lehrer mit eifrigen Fragen wie: „Was soll ich tun?" Die einzige Antwort darauf ist: „Stehe abseits Deiner erzwungenen Anstrengungen und lasse Dich selbst einfach wachsen." Und Du *wirst* wachsen, in dieser Art und Weise. Jeder Tag wird Deine Erfahrungen mehren – jedes Jahr wirst Du Dich ein Stück weiter auf dem Weg finden. Du magst vielleicht denken, Du machst keine Fortschritte – aber vergleiche Dich heute einmal mit Dir selbst vor einigen Jahren und Du wirst die Verbesserung erkennen. Mach weiter – in dem Du Dein Leben lebst, auf die beste Art und Weise, die Dir jetzt zugänglich ist – Deine Arbeit, so wie es Dir am besten erscheint, Tag für Tag – ohne Sorgen über Dein zukünftiges Leben – indem Du im großen und herrlichen Jetzt lebst – und indem Du dem Geist erlaubst, durch Dich zu wirken, im Vertrauen, im Glauben und in Liebe. Und, lieber Student, – alles wird gut für Dich sein. Du bist am richtigen Weg – bleib in der Mitte des Weges – erfreue Dich an der Landschaft, während Du vorübergehst – an der erfrischenden Brise – erfreue Dich an den Nächten genauso wie an den Tagen – es ist alles gut – und Du machst Fortschritte, ohne dabei die Anstrengung der Reise zu spüren. Für den Menschen, der die Meilensteine zählt und sich über die noch fehlende Strecke Gedanken macht, und darüber, wie langsam er vorankommt, ist die Reise zweifellos ermüdend und der Weg verliert jegliche Schönheit. Anstatt über das zu reflektieren, was er sieht, denkt er bloß über Meilen, Meilen und noch mehr Meilen nach; und dann über noch mehr Meilen, die er noch vor sich hat.

Was wäre der Weg der Weisheit?

9. Ersehne nur, was in Dir ist.
10. Ersehne nur, was über Dich hinausgeht.
11. Ersehne nur, was unerreichbar ist.
12. Denn in Dir ist das Licht der Welt, das einzige Licht, das Dir den Weg erleuchten kann. Wenn Du nicht in der Lage bist, es in Dir zu erkennen, ist es sinnlos, wo anders danach zu suchen. Es ist über Dir; denn wenn Du es berührst, hast Du Dich selbst verloren. Es ist unerreichbar, denn es entschwindet immer. Du wirst in das Licht eintreten, aber Du wirst die Flamme niemals berühren.

Diese vier Regeln stellen ein weiteres der vielen Paradoxa dar, die in dem wundervollen Büchlein, das wir kommentieren, enthalten sind. Für jemanden, der den Schlüssel dazu nicht in Händen hält, erscheinen diese vier Absätze widersprüchlich und „haarsträubend". Sich sagen zu lassen, dass etwas in Dir ist – aber dennoch über Dich hinausgeht – und unerreichbar ist, wirkt für den Durchschnittsmenschen eher lächerlich. Aber wenn jemand den Schlüssel dafür hat, erscheinen diese Inhalte äußerst klar und schön. Die vier Regeln beziehen sich auf die Entfaltung des spirituellen Bewusstseins, – auf Erleuchtung – um deren Erläuterung wir uns bereits in unserer ersten Reihe von Lektionen bemüht haben *(Fourteen Lessons in Yogi Philosophy and Oriental Occultism – Anm. d. Übers.)*. Es ist die erste große Errungenschaft auf unserem Weg. Für den Okkultisten bedeutet sie in diesem Stadium der Reise förmlich *alles*, stellt sie doch den Übertritt von der Ebene des „Glaubens" oder intellektuellen für möglich Haltens in die Ebene dar, wo der Mensch *weiß*, dass er *ist*. Das führt zwar nicht dazu, dass er permanent mit universellem Wissen ausgestattet wird, aber es verleiht ihm das Bewusstsein über seine wahre spirituelle Existenz, dem gegenüber jede andere Erfahrung und jedes Wissen verblasst. Es ermöglicht ihm die Begegnung von Angesicht zu Angesicht (vielleicht nur für einen Moment) mit seinem wahren Selbst und der großen Realität, von der er selbst nur ein Teil ist. Dieses Stadium der Bewusstheit ist die große Belohnung für die Anstrengungen, die die Menschheit in Richtung ihrer Selbst-Befreiung unternimmt. Dieser Weg zieht sich über viele Lebensspannen der Entwicklung, doch der Lohn ist groß.

„Ersehne nur, was in Dir ist." – denn der Geist ist die einzige Realität und er ist in jedem von uns. Wie der Text sagt: *„Denn in Dir ist das Licht der Welt, das einzige Licht, das Dir den Weg erleuchten kann."* Warum hören all die eifrigen Wahrheitssucher nicht auf diesen Rat und suchen in sich selbst, anstatt von einem zum anderen, von Lehrern zu Propheten, Sehern und Führern zu laufen und sich in einer Lehre nach der anderen zu verausgaben. All das kann nützlich sein – denn es zeigt uns, dass wir das, was wir suchen, in dieser Form nicht finden werden. Und niemals wirst Du es auf diese Weise finden. Du magst aber einen Hinweis da, einen guten Vorschlag dort bekommen – aber der wahre Gegenstand Deiner Suche ist nur in Dir selbst zu finden. Er wartet geduldig auf die Stunde, in der Du vertrauensvoll, hoffnungsvoll und liebevoll nach ihm Ausschau hältst.
Oh, höre auf die Stimme Deiner Seele – suche das Licht des Geistes. Du hast *beides* in Dir – warum also etwas anstreben, was niemals außerhalb von Dir erreicht werden kann.
„Ersehne nur, was über Dich hinausgeht."
„Es ist über Dir; denn wenn Du es berührst, hast Du Dich selbst verloren."

Es ist immer über Dir und wenn Du eins wirst damit, verschwindet das alte relative Selbst und ein großartigeres und prächtigeres Du nimmt seinen Platz ein. Der Mensch muss sich selbst verlieren, um sich zu finden. In diesem Sinn ist das ersehnte Große *über* Deinem heutigen „Ich", obwohl es gleichzeitig *in* Dir ist – Du bist es – Du, so wie Du sein *wirst*. Können wir das noch verdeutlichen? Ein kleiner Junge sehnt sich danach, ein erwachsener Mann zu sein – er ist *über* ihm – gleichzeitig ist das Kind der „Embryo-Mann", in dem alle Elemente des erwachsenen Mannes bereits existieren und auf die Stunde ihrer Entwicklung warten. Aber wenn dieses Kind in das Erwachsenenalter übergetreten ist, ist das Kind gegangen – es hat sich selbst verloren und ein größeres Selbst hat seinen Platz eingenommen. So hat das, was der kleine Junge ersehnte, ihn dazu gebracht, sein (Kind-) Selbst zu verlieren. Der Schmetterling ist *in* der Raupe – aber er ist gleichzeitig auch *über* ihr (über sie hinausgehend) und wenn er zum Schmetterling wird, ist er nicht mehr länger eine Raupe, sondern nur noch ein Schmetterling. Das sind grobe Illustrationen, aber vielleicht sind sie doch hilfreich, um die Materie besser zu verstehen.

„Ersehne nur, was unerreichbar ist."

Das klingt entmutigend, aber richtig verstanden, erfüllt es einen mit neuer Energie. Der Text besagt weiters:

„Es ist unerreichbar, denn es entschwindet immer. Du wirst in das Licht eintreten, aber Du wirst die Flamme niemals berühren."

Wenn die Seele an spirituellem Bewusstsein zunimmt, wird sie größer und prächtiger, aber sie ist in Wahrheit erst ganz am Beginn der wahren Reise – doch diese Reise wird mehr und mehr angenehm. Mit jeder Anhöhe, die wir erreichen, wird die Aussicht großartiger. Aber der Gipfel, der am Anfang so nah erschien, schiebt sich mit jedem Schritt immer weiter in die Ferne und scheint immer wieder zu entschwinden. Und doch enttäuscht uns das nicht, denn jeder Schritt dieses Weges ist nun von außergewöhnlicher Freude begleitet. Das geschieht immer, wenn die Seele sich entfaltet. Je weiter wir vorankommen, umso größere Gipfel erscheinen vor unseren Augen und tauchen aus den Wolken auf, die sie davor noch verborgen hatten. Es gibt unvorstellbare Höhen, und Du kannst und *wirst* den höchsten Gipfel, den Du jetzt in der Ferne ausmachen kannst, erreichen. Aber ungeachtet dessen, wie außerordentlich fortgeschritten auch immer Du zum jetzigen Zeitpunkt schon sein magst; in dem Moment, in dem Du diesen fernen Gipfel erreicht haben wirst, wirst Du sehen, dass die Wegstrecke, die noch vor Dir liegt, um vieles länger ist als die, die Du bereits gegangen bist. Und in Wahrheit noch viel, viel länger. Aber das alles enttäuscht Dich nicht, sobald Du diese Situation richtig zu deuten weißt. Sobald Du in das große Licht eintrittst, wird Dir bewusst, dass Du Dich graduell an das große Zentrum des Lichts annäherst – aber obwohl Du geradezu im prächtigsten Glanz badest, hast Du die Flamme nicht berührt – und wirst sie auch nicht berühren – als Mensch. Aber warum sich darüber Sorgen machen, nur weil wir das Ende nicht sehen können – sofern es überhaupt ein Ende geben wird. Du bist dazu bestimmt, etwas so viel Größeres und Großartigeres zu werden, als Du heute bist, dass sogar Deine wildeste Fantasie keine Vorstellung davon hat. Und noch immer gibt es über diesen Stadien andere, höhere Stadien und weitere und weitere. Juble im Licht, aber seufze nicht, wenn man Dir sagt, dass Du niemals die Flamme berühren wirst – Du hast noch gar nicht begonnen zu verstehen, was dieses helle Licht ist – die Flamme ist jenseits Deiner Möglichkeiten des Verstehens.

13. Ersehne die Macht leidenschaftlich.

14. Ersehne den Frieden inbrünstig.

15. Ersehne vor allem Besitz.

16. Aber dieser Besitz darf ausschließlich der reinen Seele gehören, er gehört daher allen reinen Seelen in gleichem Maß und wird erst dann das besondere Eigentum des Ganzen werden, wenn Alles mit Allem vereint sein wird. So dürste Du nach dem Gut, das nur die reine Seele besitzen kann, auf dass Du das Wohl des vereinten Geistes des Lebens mehrst, der Dein einzig wahres Selbst ist.

Der Friede, den Du begehren sollst, ist jener heilige Friede, der durch nichts gestört werden kann, in dem die Seele wächst, wie die heilige Blume auf stillem Wasser. Und die Macht, die der Schüler begehren soll, ist jene, die ihn in den Augen der Menschen als Niemand erscheinen lässt.

17. Suche nach dem Weg.

18. Suche ihn, in dem Du nach Innen gehst.

19. Suche den Weg, indem Du kühn voranschreitest.

Hier begegnet uns ein weiteres Beispiel für das Relative und das Absolute.

„Ersehe die Macht leidenschaftlich." – Ist doch gerade die Macht, die selbstsüchtige Macht, für den, der sie besitzt, die größte Versuchung. Die Macht des spirituellen Geistes aber – *„die Macht, die der Schüler begehren soll"* – führt wahrlich dazu, dass er *„in den Augen der Menschen als Niemand erscheint."* – Nämlich in den Augen der Menschen, die nach materieller Macht streben. Denn es ist die Macht des Bewusstseins, über die der gewöhnliche Mensch nichts weiß – kein geistiges Bild in seiner Vorstellung formen kann. Und daher neigt er dazu, Menschen die diese Form der Macht besitzen oder sie zu erlangen versuchen, als Narren

anzusehen. Die Macht, die für uneigennützige Zwecke verwendet wird, ist für den durchschnittlichen Menschen, der nach weltlicher Macht strebt, nicht begreifbar – und doch wird all diese weltliche Macht und alle Errungenschaften, die durch sie erlangt werden, vor den Flammen der Zeit keinen Bestand haben und in sich zusammenschrumpfen wie ein Stück Seidenpapier vor dem brennenden Zündholz. Diese weltlichen Errungenschaften werden in der Kürze eines Augenzwinkerns zu Asche, wo hingegen die wahre Macht spiritueller Errungenschaften im Laufe der Zeitalter immer stärker und mächtiger wird. Das eine ist Substanz – das andere der Schatten – doch die Welt verdreht und vertauscht diese Positionen aufgrund ihrer fehlerhaften Vorstellung.

Mach nicht den Fehler, diese sechzehnte Regel so zu interpretieren, als wäre es das Ziel des Schülers *„in den Augen der Menschen nichts zu gelten".* Das ist nicht die wahre Bedeutung – der Student sollte davon Abstand nehmen, in den Augen anderer als *etwas* zu „scheinen", egal, ob dieses *Etwas* alles oder nichts bedeutet. Lass den äußeren Anschein gehen – er gehört der Welt der Schatten; der wahrhaft Suchende hat mit ihnen nichts zu tun. Lass der Welt ihre eigenen „Erscheinungsformen" – lass ihr das Amüsement mit ihren kindischen Spielzeugen und Seifenblasen. Sei nicht darauf aus, als etwas zu „erscheinen" – überlasse es der Welt, sich auf diese Weise zu amüsieren; Dich wird es nicht tangieren. Wir sagen das deshalb, weil einige die Regel so interpretiert haben, als wäre sie als Anreiz zu einer vermeintlichen Bescheidenheit im Sinne der „Bescheidenheit" eines Uriah Heep zu verstehen. *(Uriah Heep. Charakter aus der Novelle David Copperfield von Charles Dickens – bezeichnet einen unterwürfigen, unaufrichtigen und süßlichen Schmeichler. - Anm. d. Übers.)*

Als ob es einen besonderen Wert hätte, als *nichts* zu
„scheinen"! Die wahre Intention dieser Regel ist es, auf die
eine Macht, die es zu suchen lohnt, hinzuweisen und
gleichzeitig dem Schüler aufzuzeigen, wie gering die Welt diese
Macht einschätzt, verglichen mit jener, die sie „Macht" nennt.
Doch diese weltliche Macht ist bloß wie die Macht eines
Wahnsinnigen, der mit einer Krone aus Pappe und einem
Spielzeugzepter in der Hand auf einer Seifenkiste thronend,
sich als Herrscher über das All wähnt. Lass der Welt ihr
Amüsement – es betrifft Dich nicht – suche die wahre Macht
des Geistes, egal wie Du für andere „erscheinst".
„Ersehne den Frieden inbrünstig." Aber dieser Friede ist der
Friede, der aus dem Inneren kommt. Auch inmitten der
Kämpfe des Lebens kannst Du Dich dieses Friedens erfreuen –
sei es als General in der Armee der weltlichen
Angelegenheiten oder als ihr einfachster Soldat (letztlich ist
beides gleich). Dieser Friede einer erwachten und bewussten
Seele ist wahrlich *„Der Friede, der durch nichts gestört werden
kann, in dem die Seele wächst, wie die heilige Blume auf
stillem Wasser."* Dieser Friede kommt nur zu dem, der im
Bewusstsein seiner wahren spirituellen Existenz erwacht ist.
Wenn dieses Stadium einmal erreicht ist, kann der Mensch
einen Teil seiner Natur beiseite stellen und sich in diesen
Frieden zurückziehen, wenn die Schwierigkeiten und Kämpfe
des äußeren Lebens zu störend werden. In diesem Raum wird
er augenblicklich mit „jenem Frieden, der jenseits des
Verstehens liegt", umhüllt, denn dieser Friede liegt über den
Bereichen des intellektuellen Verstandes. So ein heiliger
Zufluchtsort ist ein „Himmel der Ruhe und Erholung" für den
aufgewühlten Verstand, in dem er Schutz findet vor den
heulenden Stürmen des Lebens. Wenn sich jemand völlig über
seine Herkunft im Klaren ist, und die Illusionen des Lebens als

das sehen kann, was sie in Wahrheit sind, dann findet er diesen Platz des Friedens. Und obwohl ihn die Notwendigkeiten des Lebens in eine Position in Mitten der Gefechte gestellt haben, ist er bloß *in* diesen Gefechten, aber er gehört ihnen nicht an. Denn während ein Teil von ihm die zugeteilte Rolle spielt, schwingt sich sein Höheres Selbst über den Tumult hinaus und lächelt angesichts dessen, was vor sich geht, heiter und gelassen. So errichte Du für Dich einen heiligen Zufluchtsort der Seele, in dem die Stille regiert und Deine müde Seele Rast und Erholung finden kann. Es ist der Friede, den die Yogis meinen, wenn sie sagen: „Friede sei mit Dir" – Und er sei mit Euch allen! Und er möge bei Euch bleiben.

„Ersehne vor allem Besitz." Das klingt im Zusammenhing mit einer spirituellen Lehre äußerst seltsam, aber lies weiter: *„Aber dieser Besitz darf ausschließlich der reinen Seele gehören, er gehört daher allen reinen Seelen in gleichem Maß und wird erst dann das besondere Eigentum des Ganzen werden, wenn Alles mit Allem vereint sein wird. So dürste Du nach dem Gut, das nur die reine Seele besitzen kann, auf dass Du das Wohl des vereinten Geistes des Lebens mehrst, der Dein einzig wahres Selbst ist."*

Diese Besitztümer sind ganz offensichtlich nicht materieller, sondern seelischer Natur. Und was kann eine Seele besitzen? Wissen – alles andere ist irreal und vergänglich. Daher soll die Seele nach dem Wissen und den Erkenntnissen streben, die sie braucht – Wissen des Geistes. Dieses allerbeste Wissen kann nur einer reinen Seele gehören – eine andere kümmert sich gar nicht um so eine Art von Wissen. Auch ist nur die reine Seele bereit, diesen Besitz mit allen anderen Seelen zu teilen, die ihrerseits in der Lage sind, es anzunehmen, selbst einen Teil beizutragen, oder Gebrauch von ihm zu machen. Es gibt hier in dem Zusammenhang keine einzelnen Besitzansprüche oder Rechte – dieses Wissen wird als Besitz des „großen Ganzen" erachtet. Es kann keine „Nischen" im spirituellen Wissen geben, egal wie nachdrücklich manche Zeitgenossen so etwas für sich in Anspruch nehmen wollen – es kann kein Monopol in Bezug auf diese Besitztümer geben, denn sie sind so frei wie Wasser für alle, die bereit und willens sind, es zu empfangen. Und obwohl es das wertvollste Wissen ist, ist es buchstäblich „ohne Geld und ohne Preis" und wehe dem, der versucht, die Geschenke des Geistes zu verkaufen – denn er verkauft, was nur weitergegeben werden kann, an jene, die schon dafür bereit sind. Und die, die dafür bereit sind, müssen es nicht käuflich erwerben, denn sie bedienen sich schlicht und einfach am Festmahl. Hier verweisen wir auf die Stelle: *„auf dass Du das Wohl des vereinten Geistes des Lebens mehrst, der Dein einzig wahres Selbst ist."* Denn wenn Du spirituelles Wissen erlangst, dann vermehrst Du damit nicht nur Dein eigenes, sondern auch das der anderen – Du arbeitest für Dich und gleichzeitig für die gesamte Menschheit. Die Menschheit bezieht aus dem Erlangen von spirituellem Wissen jedes Einzelnen einen Gewinn. Du machst es für andere Deiner Art leichter – für die jetzt Lebenden und die, die nach Dir kommen – Du trägst Deinen Teil zur Erhebung der Gedanken der Welt bei. Und so wie Du Dich an den Schätzen, die über die Jahrhunderte gesammelt wurden, erfreust, so wird das, was Du nun an Wissen sammelst, den folgenden Generationen zu Gute kommen. Wir sind bloß Atome in einem großen Ganzen; der Gewinn von Einem ist der Gewinn von Allen. Nichts geht verloren. Daher heißt es: „Ersehne vor allem Besitz."

„Suche nach dem Weg." Suche ihn nicht mit angestrengtem Bemühen, sondern in dem Du Dich für die Eingebungen des

Geistes öffnest – in dem Du den Hunger Deiner Seele nach spirituellen Brot erkennst – und den Durst nach einem Schluck Wasser aus der Quelle des Lebens. Ziehe das Wissen an – mit dem Gesetz der Anziehung. Es wird zu Dir kommen, weil es diesem Gesetz unterworfen ist. Es ist an Dir, darum zu bitten, und nichts kann es von Dir fern halten.

Wie Emerson sagt: „Die Dinge, die für Dich bestimmt sind, werden zu Dir herangezogen. Oh, glaube daran, jedes Wort, das irgendwo auf der Welt gesprochen wird, wird in Deinem Ohr klingen, wenn Du es hören sollst. Jedes Sprichwort, jedes Buch und jeder Nebensatz, der für Dein Wohl und Deine Hilfe dient, wird Dich finden, durch direkte oder durch verschlungenen Wege."

Und so wirst Du es erkennen: Wenn Dich eine Nachricht erreicht, die eine Erinnerung an eine fast vergessene Wahrheit wachruft, dann ist es Deine Wahrheit – vielleicht nicht alles davon, aber alles was Du davon als wahr erkennst, ist Dein. Der Rest wird mit der Zeit kommen. Emerson wurde einmal aufgefordert, einige seiner Aussagen, die er während eines Vortrages machte, zu beweisen. Er antwortete wie folgt: „Ich vertraue darauf, dass ich niemals eine Wahrheit äußern werde, die eines Beweises bedarf." Und er hatte recht. Wahrheit ist offensichtlich und spricht für sich selbst. Wenn die erwachende Seele eine wahre Aussage hört, für die sie in diesem Moment auch bereit ist, dann wird sie diese auch instinktiv erkennen. Es mag sein, dass man es anderen nicht erklären kann, vielleicht sogar nicht einmal sich selbst, aber die Seele weiß – sie *weiß*. Die erwachenden Fähigkeiten des Spirituellen Geistes erkennen Wahrheit mit ihren eigenen Methoden. Der Spirituelle Geist ist nicht dem Verstand entgegengesetzt, aber er transzendiert den Intellekt – er geht über ihn hinaus und sieht, was der Verstand nicht begreifen kann. Von allem Gehörten und Gesehenen, das den Anspruch auf Wahrheit erhebt, akzeptiert er nur das, was seiner höheren Vernunft entspricht und legt die Dinge vorerst beiseite, die er nicht als wahr erkennt. In einem Vortrag oder in einem Buch mag vielleicht nur ein Satz sein, der Dich anspricht – nimm ihn und lass den Rest gehen. Wenn etwas Wahres Deiner Aufmerksamkeit entgehen sollte, wird es erneut zu Dir kommen, sobald Du bereit dafür bist – es kann Dir nicht entkommen. Sei unbesorgt, wenn Du nicht alles verstehst, was Du hörst oder liest – übergehe das, was nicht Deine spirituelle Resonanz erzeugt. Das ist ein sicherer Test und eine gute Regel. Wende sie bei allen Schriften und Lehren an – *Deine eigenen eingeschlossen.* Lass Dich nicht durch scheinbar widersprüchliche Lehren, die Du liest oder hörst, beunruhigen. Jeder Lehrer muss auf seine eigene Art und Weise lehren und jeder Lehrer wird einige Menschen erreichen, die andere nicht erreichen können. Alle Lehrer haben etwas von der Wahrheit – keiner hat sie zur Gänze. Nimm das Deine, wann immer Du es findest – und lass den Rest vorüberziehen. Sei kein bigotter Jünger von Lehrern – höre, was sie zu sagen haben, aber wende den Test der Resonanz mit Deiner eigenen Seele an. Sei kein blinder Anhänger. Sein ein Individuum. Deine Seele ist ein genau so guter Prüfstein wie jede andere Seele – aber besser für Dich. Denn nur *sie* weiß, was Du brauchst und hält auch permanent danach Ausschau. Lehrer sind nützlich – Bücher sind nützlich – denn sie machen Vorschläge – sie schließen Lücken – sie geben Gedankenanstöße, die Du dann in einer Zeit der Muße weiterentwickeln kannst – sie bekräftigen das, was bereits halb-erwacht in Dir wartet – sie helfen Dir bei der Geburt neuer Denkansätze. Aber Deine eigene Seele muss ihre eigene Arbeit machen – sie kann am besten beurteilen, was für Dich das Beste ist – sie ist der weiseste Ratgeber – der fähigste Lehrer. Achte auf die Stimme in Deinem Inneren. Vertraue Deiner eigenen Seele, o Schüler. Schau vertrauensvoll in Dich, mit Zuversicht und Hoffnung. Schau hinein in Dein Inneres, denn *dort* ist der Funke der heiligen Flamme.

„Suche den Weg, indem Du nach innen gehst."

Wir sprachen gerade über das Vertrauen in dieses Etwas im Innersten. Diese Regel hebt diese Phase der okkulten Lehre deutlich hervor. Lerne, Dich in Stille in Dein Innerstes zurückzuziehen und höre auf die Stimme Deiner Seele – sie wird Dir viele großartige Dinge erzählen. In der Stille kann sich der spirituelle Geist entfalten und bis zu den Winkeln und Nischen vordringen, in denen Dein Bewusstsein Teile der großen Wahrheiten verbirgt. Einige Fragmente der Wahrheit werden dann aus diesem großen Vorratsspeicher an Deinen Intellekt weitergereicht und der Intellekt nimmt diese dann an und wird sie unter den vorhin erwähnten Gesichtspunkten überprüfen. Der Intellekt ist kalt – der Spirituelle Geist ist warm und lebendig und mit hoher Gefühlsqualität. Der Spirituelle Geist ist die Quelle von vielem, was wir „Inspiration" nennen. Dichter, Maler, Bildhauer, Schriftsteller, Prediger, Redner und andere haben immer schon diese Inspiration empfangen und tun es noch heute. Es ist die Quelle, aus der der Seher seine Visionen schöpft – und der Prophet seine Voraussagen. Durch die Entwicklung des spirituellen Bewusstseins entsteht für den Menschen eine stärkere Beziehung und Verbindung zu seiner höheren Natur und dadurch ist es ihm möglich, Zugang zu einem Wissen zu erlangen, von dem sein Intellekt bislang nicht einmal zu träumen gewagt hat. Wenn wir lernen dem Geist zu vertrauen, antwortet uns dieser, in dem er uns immer öfter Augenblicke der Erkenntnis und Erleuchtung schickt. Wenn sich jemand seinem spirituellen Bewusstsein öffnet, stützt er sich immer mehr auf seine innere Stimme und es wird für ihn immer leichter werden, diese innere Stimme von den Impulsen der niedrigeren Ebenen der Geistes zu unterscheiden. Er lernt, der Führung seiner inneren Stimme zu folgen und ihre helfende Hand anzunehmen. „Vom Geist geführt" zu sein ist eine ganz reale Tatsache im Leben aller, die eine bestimmte Stufe der spirituellen Entwicklung erreicht haben.

„Suche den Weg, indem Du kühn voranschreitest." Fürchte Dich nicht. Nichts kann Dir etwas anhaben. Du bist eine lebendige, ewige Seele. Daher: sei stark. Sieh Dich um und schau, was in der Welt vor sich geht – und lerne so Deine Lektionen. Beobachte den großen Webstuhl des Lebens – wie seine Weberschiffchen hin- und herfliegen – wie Gewebe in allen Farben und Formen entstehen. Betrachte alles als Leben. Sei nicht bekümmert. Die Lektionen des Lebens sind immer in Deiner Nähe und sie warten auf Dein Studium und Deine Meisterschaft. Erkenne das Leben in allen seinen Phasen – das bedeutet nicht, dass Du einen Schritt rückwärts machen sollst, um eine Etappe, die schon hinter Dir liegt, noch einmal zu durchleben – aber betrachte sie alle ohne Angst und Abscheu. Erinnere Dich, dass sich aus einer niedrigen Phase eine höhere entwickelt. Im Schlamm des Flusses wächst der Stängel des schönen Lotus empor, bahnt sich den Weg durch das Wasser, bis er die luftige Oberfläche erreicht und erst dann entfaltet er seine wundervolle Blüte. Vom Schlamm des Physischen bahnt sich die Pflanze des Lebens ihren Weg durch das Wasser der geistigen Ebene hin zur Luft der spirituellen Ebene, wo sie sich entfaltet. Schau Dich um und beobachte, was Menschen machen – was sie sagen – was sie denken – es ist alles gut in dem Stadium, in dem sich jeder gerade befindet. Lebe Dein eigenes Leben – in Deinem eigenen Stadium Deiner

Entwicklung – aber verachte nicht die, die noch nicht so weit sind. Betrachte das Leben in all seinen aufregenden Formen und erkenne, dass Du ein Teil davon bist. Es ist alles Eins – und Du bist Teil dieses Einen. Fühle die Bewegung der Welle unter Dir – geh mit ihrer Bewegung mit – Du kannst nicht untergehen, denn Du bewegst Dich auf dem Kamm der Welle und bist bei ihr geborgen. Fürchte nicht das Außen – auch nicht, wenn Du Dich in Dein Inneres zurückziehst – beides ist gut – jedes an seinem Platz. Lass Dein inneres Heiligtum Dein Ruhepol sein, aber scheue Dich nicht, Dich herauszuwagen. Dein Rückzugsort kann nicht von Dir getrennt werden. Geh in die Welt hinaus, wissend, dass Dein Heim immer auf Dich wartet. Es gibt keinen Widerspruch zwischen dem achtzehnten und dem neunzehnten Grundsatz. Wiederholen wir sie, damit Du sie als die beiden Seiten derselben Wahrheit begreifen kannst. *„Suche ihn, in dem Du nach Innen gehst."* – *„Suche den Weg, indem Du kühn voranschreitest."* Siehst Du, dass beide Sätze notwendig sind, um eine komplette Aussage über diese Wahrheit zu treffen?

„Suche den Weg nicht auf irgendeinem beliebigen Pfad." Das ist eine wichtige Warnung. Im Text heißt es dazu weiter: *„Für jedes Temperament gibt es einen Pfad, der sich am besten eignet."* Aber hier entsteht eine subtile Versuchung. Der Schüler neigt dazu, sich mit einem Weg, der seinem speziellen Temperament entspricht, zufrieden zu geben und seine Augen deshalb vor den anderen Möglichkeiten zu verschließen. Er wird bigott, engstirnig und einseitig. Er sollte alle Spuren, die zur Wahrheit führen können, erforschen und von allen Seiten etwas dazugewinnen – immer in enger Abstimmung mit seinem inneren Bewusstsein und den Rest einfach beiseite lassen – aber ohne das, was ihm nicht passend erscheint, in irgendeiner Form zu verdammen. Sei kein Partisan – kein

Fanatiker – oder Sektierer. Nur weil Du eine Form der Lehre bevorzugst, bedeutet das nicht, dass alle Lehren, mit denen Du nicht übereinstimmst, falsch sind. Es gibt viele Formen, die Wahrheit auszudrücken und jede Form wird für einige Menschen genau die passende sein. Manche Ausdrucksformen, die auf den ersten Blick widersprüchlich erscheinen mögen, zeigen aber in weiterer Folge, dass sie von denselben Grundprinzipien abgeleitet wurden. Viele der augenscheinlichen Unterschiede erweisen sich auch bloß als eine Folge des Gebrauches (oder Missbrauchs) von Worten. Wenn wir die Worte und Begriffe vom jeweils anderen verstehen, erkennen wir, wie viel wir in Wirklichkeit gemeinsam haben und wie wenig uns trennt.

20. Suche den Weg nicht auf irgendeinem beliebigen Pfad. Für jedes Temperament gibt es einen Pfad, der sich am besten eignet. Aber der Weg kann nicht alleine durch Hingabe oder religiöse Kontemplation, fieberhaften Fortschritt, aufopfernde Arbeit und ernsthafte Lebensbetrachtungen gefunden werden. Keine dieser Methoden kann den Schüler mehr als einen Schritt nach vorne bringen. Es sind aber alle Schritte notwendig, um die Leiter zu erklimmen. Die Laster des Menschen werden zu Sprossen der Leiter, eine nach der anderen – in dem Moment, in dem sie überwunden werden. Die Tugenden des Menschen sind wahrlich essentielle Sprossen dieser Leiter; sie können durch nichts anderes ersetzt werden. Doch, obwohl sie eine anständige Atmosphäre schaffen und eine gute Zukunft einbringen, sind sie doch nutzlos, wenn sie alleine stehen. Derjenige, der Eintritt in den Pfad ersehnt, muss seine gesamte Natur weise einsetzen. Jeder Mensch ist sich absolut selbst der Weg, die Wahrheit und das Leben. Aber das trifft wiederum nur dann zu, wenn er seine gesamte Individualität begreift und mit der Kraft seines erwachenden Willens erkennt, dass seine Individualität nicht er selbst ist, sondern etwas, was er unter Schmerzen zu seinem eigenen Gebrauch geschaffen hat. Sie ist ihm im Stadium des Wachstums, in dem sich seine Intelligenz immer mehr entwickelt, schlichtweg ein Mittel, um das Leben jenseits der Individualität zu erreichen. Wenn er begreift, dass dieses wunderbar vielschichtige separate Leben einzig und allein diesem Zweck dient, dann, und n u r dann ist er auf dem Weg. Suche den Weg, indem Du in die geheimnisvollen und herrlichen Tiefen Deines innersten Seins eintauchst. Suche ihn, in dem Du alle Erfahrungen ausprobierst. Suche den Weg, in dem Du Deine Sinne gebrauchst, auf dass Du den Sinn von Wachstum und Individualität begreifst, auf dass Dein Verständnis für die Schönheit, aber auch für die Verwirrung und Dunkelheit anderer göttlichen Fragmente wächst, die sich gleichzeitig mit Dir und neben Dir abmühen und gemeinsam die Gattung bilden, der Du selbst auch angehörst. Suche den Weg, in dem Du die Gesetze des Seins studierst, die Gesetze der Natur und die Gesetze des Übernatürlichen; suche ihn in tiefer Verneigung Deiner Seele vor dem schimmernden Stern, der in ihr leuchtet. Sein Licht wird stetig heller, mit jeder Beobachtung und Verneigung wird es stärker. Dann kannst Du annehmen, dass du den Beginn des Weges gefunden hast. Und dann, wenn Du am Ende des Weges angekommen sein wirst, wird das Licht in einem Augenblick zum unendlichen Licht werden.

Jeder Schüler, der ein geistiges Leben führen will und Fortschritte auf seinem Weg anstrebt, sollte dieses zwanzigste Prinzip aufmerksam lesen. Es sollte mehrmals gelesen und studiert werden. Es beinhaltet vieles, was beim ersten Lesen nicht sofort erfasst werden kann – auch nicht beim zehnten Mal – und nicht einmal beim hundertsten Mal. Die Bedeutung dieser zwanzigsten Regel entfaltet sich Schritt für Schritt, während Deine Erfahrung zunimmt und Dich für die Botschaften aufnahmefähig macht. Es spricht davon, dass man das Leben nicht einseitig leben soll, sondern dass es wichtig ist, die Varianten, die einem zur Verfügung stehen, auch zu leben. Du musst von den Vorzügen des inneren Lebens Gebrauch machen und darfst dennoch nicht vor der Welt fliehen, denn sie hält Aufgaben für Dich bereit. Du bist wichtig für die Welt, – andere brauchen Dich – und Du musst Deine Rolle spielen. Du *kannst* nicht davon laufen, selbst wenn Du es wolltest – also akzeptiere die Rolle, die Dir zugeteilt wurde und nütze Dein jetziges Stadium, um Größeres zu erreichen. Du bist ein Zahnrad in der großen Maschinerie des Lebens und Du musst Deinen Beitrag leisten.

„Derjenige, der Eintritt in den Pfad ersehnt, muss seine gesamte Natur weise einsetzen."

Dieses Leben mag sich in Deiner Arbeit ausdrücken, in einem Geschäft oder Unternehmen – wenn Du es nicht irgendwo einbringen kannst, dann ist etwas mit Dir nicht in Ordnung. Du darfst nicht erwarten, dass die Welt Deine Lebensauffassung teilt oder versteht. Es hat keinen Sinn, Deine Auffassungen einer unreifen Welt aufzudrängen. Milch für Babies – Fleisch für Erwachsene, denk daran. Die meisten Menschen in Deiner Umgebung sind in spiritueller Hinsicht wie ungeborene Babies – nur wenige haben ihren ersten Atemzug als Neugeborene bereits gemacht. Mach nicht den Fehler, Dein Herz ständig auf der Zunge zu tragen, die Dohlen werden darauf herumhacken. Spiele Deine Rolle im Spiel des Lebens, an dem Du Dich beteiligen musst, gut. Aber obwohl Du es bloß als einen Sport

von Kindern betrachtest, sei kein Störenfried oder Spielverderber – nimm teil, als wäre es für Dich genauso interessant – Du wirst viel dabei lernen. Aber mach nicht den Fehler, zu glauben, dass Du immer mit einem „Sonntagsgesicht" herum laufen solltest – versuche nicht, Dich als einer der „heiligen" oder „zu gut für diese Welt" Menschen darzustellen. Sei einfach ganz natürlich – das ist alles. Scheue Dich nicht davor, zu lächeln oder zu lachen. Sinn für Humor ist eines der allerbesten Gottesgeschenke an den Menschen und bewahrt uns vor so mancher Dummheit. Ein Lachen ist oft genauso gut wie ein Gebet. Nimm die Dinge nicht zu ernst – lass das Spiel im Kindergarten Gottes nicht zu real für Dich werden. Manches im Leben ist wie ein Scherz für jene, die bereits eine Sicht von einer höheren Warte aus einnehmen können. Es ist einfach ein Spiel, das die Kinder Gottes auf das wahre Leben vorbereitet. Es ist nicht weiter notwendig, das zwanzigste Prinzip in voller Länge zu kommentieren, da es so reichhaltig und voller Details ist, dass es alles abdeckt. Studiere es gründlich – es beinhaltet eine Regel für das Leben jedes Studenten. Die abschließenden Sätze sind herausragend – sie lehren Dich, wie Du Dich der Entfaltung Deines höheren Selbst öffnen kannst. Das Licht, das in Dir leuchtet, wird Dir alles zeigen. Verinnerliche die Worte: *„Suche ihn – in tiefer Verneigung Deiner Seele vor dem schimmernden Stern, der in ihr leuchtet. Sein Licht wird stetig heller, mit jeder Beobachtung und Verneigung wird es stärker. Dann kannst Du annehmen, dass du den Beginn des Weges gefunden hast. Und dann, wenn Du am Ende des Weges angekommen sein wirst, wird das Licht in einem einzigen Augenblick zum unendlichen Licht werden."*
Verinnerliche auch die Anmerkungen, die dieses zwanzigste Prinzips begleiten. Gemeinsam führen alle diese Unterweisungen bis hin zur Morgendämmerung des spirituellen Bewusstseins.

Die einundzwanzigste Regel lädt Dich ein, *„die Blume zu finden, die in der Stille, die dem Sturm folgt, erblüht."* – und die *nur* dann erblüht. Der Regenbogen des spirituellen Bewusstseins erscheint erst nach dem heftigen Sturm, der Dich aus den Angeln gehoben hat. Es ist das göttliche Zeichen des Friedens, der zu Dir kommen wird. Der nächste Abschnitt ist dem spirituellen Bewusstsein gewidmet. Das einundzwanzigste Prinzip und seine Bedeutung werden hier besprochen. Es ist der Schluss-Stein dieser Lehre. Die andere Seite des Bogens muss auch noch beschrieben werden, aber der Schluss-Stein muss zuerst studiert werden, um das, was danach folgt, zu verstehen.

SPIRITUELLES BEWUSSTSEIN

Das einundzwanzigste Prinzip aus dem ersten Teil von *„Licht auf dem Pfad"* steht in direktem Bezug zu allem, was bis hierher geführt hat und besagt:

21. Finde die Blume, die in der Stille erblüht; in der Stille, die auf den Sturm folgt – und nicht vorher. Sie wird wachsen, wird austreiben; Zweige und Blätter werden sprießen und sie wird Knospen formen; all das, während der Sturm noch rast; während die Kämpfe noch andauern. Und bevor nicht die ganze Persönlichkeit des Menschen aufgelöst und dahin geschmolzen sein wird – vom göttlichen Fragment gehalten, von dem es zum Zwecke des Studiums und der Erfahrung geschaffen wurde, – nicht bevor die gesamte Natur sich ergeben hat und in seinem höheren Selbst aufgegangen sein

wird, kann die Blüte sich öffnen. Dann wird eine Ruhe einkehren – so wie in einem tropischen Land – wo nach schweren Regenfällen die Natur so schnell arbeitet, dass man ihr geradezu dabei zusehen kann. Solch eine Ruhe wird zu dem geschundenen Geist kommen. Und dann wird sich in der tiefsten Stille das geheime Geschehen ereignen, das dafür Zeugnis sein wird, dass der Weg gefunden wurde. Nenne es, wie Du möchtest. Es ist die Stimme, die dort spricht, wo keine Stimme mehr ist, – die Botschaft, die kommt – eine Botschaft ohne Form und Substanz – oder es ist die Blume der Seele, die sich eröffnet hat. Es kann nicht mit irgendeiner Metapher beschrieben werden. Aber es kann nachempfunden werden, es kann danach gesucht werden, es kann ersehnt werden, sogar in Mitten des Sturmes. Die Stille mag einen Moment andauern, oder sie kann tausend Jahre währen. Aber sie wird enden. Und doch wirst Du die Stärke fortan mit Dir tragen. Immer und immer wieder muss dieser Kampf durchlebt und gewonnen werden. Die Natur steht nur still – für einen Zwischenraum.

Die Blüte, die in der Ruhe nach dem Sturm erblüht (und die nur dann und nur dort erblüht) ist die Blüte des spirituellen Bewusstseins. Die Pflanze des Lebens hat die ganz Zeit über danach gestrebt, diese Blüte erscheinen zu lassen – und dieses Streben ließ den Samen sprießen – die Wurzeln wachsen – das Pflänzchen durch den Nährboden hindurch in die höheren Regionen aufschießen – die Blätter nach und nach entfalten – Hülle um Hülle abwerfen – bis schließlich die kleine Knospe des Geistes sichtbar wurde und die wirkliche Entfaltung ihren Anfang nahm.
Dieses Erscheinen der Knospe des Spirituellen Bewusstseins – diese ersten Strahlen der Erleuchtung – markiert eine höchst

kritische Phase in der Evolution der Seele. Und es ereignet sich – wie der Text in diesem Handbuch ausführt – dies alles erst *nach* dem Sturm – und nur dann, wenn die Stille diesem Sturm folgt und das Rauschen der Winde ersetzt hat, wenn das Grollen und Krachen des Donners vorbei ist – und all die furchterregenden Umstände des Unwetters gewichen sind. In der ruhigen, erholsamen Phase, die dem Sturm folgt, wartet Großes auf die Seele. Also erinnere Dich daran, o Seele – wenn Du Dich in Mitten des großen Sturmes spiritueller Unruhe findest, der alle alten Grenzen wegspült – der alles wegreißt, was Du zu Deinem Schutz entgegengehalten hast – wenn Dich all das glauben lässt, dass Dir alles genommen wird und Du alleine zurückbleibst, ohne Trost und ohne Unterstützung. Denn in diesem Moment der spirituellen Anspannung, wenn alles von Dir genommen wurde, da kommt dieser Friede zu Dir, der jegliches Verständnis übersteigt, der Dich nie mehr verlässt und die Mühsal von tausend Stürmen rechtfertigt. Die Zeit blinden Glaubens liegt nun bald hinter Dir – die Zeit des Wissens naht.

Es ist schwierig, über Erfahrungen von höheren spirituellen Ereignissen in einer normalen Sprache zu berichten. Emerson berichtet über seine Erlebnisse in dem Zusammenhang: „Jedes Wort, das von diesem Leben spricht, mag für all jene, die nicht selbst in diesen Gedanken beheimatet sind, eitel und verwegen klingen. Ich wage nicht, darüber zu reden. Meine Worte können dem wahren Geist dessen nicht gerecht werden. Sie wären unzureichend und kalt. Nur der Geist selbst kann inspirieren, wo er es will... Und doch würde ich so gerne, wenn auch nur in profanen Worten – wenn erhabene mir nicht möglich sind – von diesem göttlichen Himmel berichten und erzählen, welchen Hauch ich erhaschen konnte, welche Andeutungen überirdischer Einfachheit und Energie des höchsten Gesetzes ich vernommen habe."

Es ist etwas, was man fühlen, der Verstand aber nicht begreifen kann – und doch ist der Intellekt teilweise dazu in der Lage, sobald er mit beginnender Erleuchtung des Geistes in höhere Ebenen gehoben wird.

Die Hand des Schreibenden zittert nun, da sie weiß, was vor ihr liegt. Der Versuch, die Erfahrungen des höheren Lebens in verständliche Worte zu kleiden, scheint närrisch und nutzlos zu sein – und doch sind wir, so scheint es, dazu aufgerufen. Also werden wir es versuchen und uns nicht davor drücken. In unseren „Vierzehn Lektionen" („*Fourteen Lessons in Yogi Philosophy*" - Anm. d. Übers.) sprachen wir vom dreifachen Geist des Menschen – von den drei mentalen Prinzipien – dem instinktiven Geist, dem Intellekt und dem Spirituellen Geist. Wir empfehlen, diese Kapitel zu wiederholen, insbesondere den Teil, der sich mit dem sechsten Prinzip befasst – dem Spirituellen Geist. Diese Erleuchtung – diese Blüte, die in der Stille nach dem Sturm erblüht – kommt aus diesem Teil Deiner Natur. Aber wollen wir uns zuerst der Bedeutung des Begriffs „der Sturm", der dem Aufblühen vorausgeht, widmen. Der Mensch entwickelt sich – über die Stufen des instinktiv-Geistigen – hin zur Ebene des Intellektes. Auf der Ebene des instinktiv-Geistigen (auch in den höheren Schichten, wo die Überschneidung zum Intellekt bereits stattfindet) beschäftigt sich der Mensch nicht mit den Problemen des Lebens – dem Sinn des Lebens. Er ist sich der Existenz solcher Probleme oder Fragestellungen nicht einmal bewusst. Er hat eine vergleichsweise leichte Zeit, denn seine Anliegen sind vornehmlich mit der physischen Ebene verbunden. Solange seine physischen Bedürfnisse erfüllt werden, kümmert ihn der Rest nur wenig. Er stellt die Kindheitsstufe der Menschheit dar. Nach einer gewissen Zeit beginnen Erfahrungen, die mit der nächsten Ebene verbunden sind, und diese bereiten ihm Schwierigkeiten. Sein erwachender Intellekt weigert sich, die Dinge fortan als gegeben anzunehmen. Er wird zunehmend vom ewigen „Warum" seiner Seele geplagt.

Wie Tolstoi es so eindrücklich beschrieb: „Sobald das Denken die Herrschaft über die Person übernimmt, werden neue Welten offenbart und die Sehnsüchte multiplizieren sich ins Tausendfache. Sie werden so zahlreich wie die Radien eines Kreises; der Verstand setzt sich mit großer Sorgfalt und Besorgnis an erste Stelle und widmet sich der Kultivierung und Befriedigung dieser Wünsche in der Annahme, dass das Glück auf diese Weise gefunden werden kann."

Aber in diesem Stadium gibt es kein andauerndes Glück – etwas erfüllt die Seele mit wachsender Unruhe und treibt sie zu immer höheren Flügen an. Doch da der Verstand nicht in der Lage ist, etwas über sich selbst Hinausreichendes zu verstehen, verweigert er diese Aufforderungen und betrachtet sie als unwert – als Überreste alter Versuchungen oder als naive Vorstellungen. Und so geht er weiter im Kreis in seinem Bemühen, die großen Probleme zu lösen – sehnt sich nach Frieden und Erholung, erahnt sogar, dass ihn das erwartet. Er träumt in seiner Kleinheit davon, dass seine einzige Befreiung darin besteht, dass sich etwas Größeres als er selbst entfaltet, das ihn ermächtigt, als verfeinertes Instrument wirken zu können. Viele, die diese Zeilen lesen, werden dieses Stadium schrecklicher mentaler Unruhe und spiritueller Anstrengung und Plage wiedererkennen – wenn unser Intellekt erkennt, dass er nicht in der Lage ist, die großen Probleme zu lösen und doch zugleich auf Antworten drängt. Wir schlagen gegen die Gitterstäbe unseres mentalen Käfigs – oder rasen wie der Hamster im Rad, ohne uns von der Stelle zu bewegen. Wir sind mitten im mentalen Sturm. Das Unwetter wütet überall – um uns, über uns – der Wind reißt uns die Kleider vom Leib und liefert uns dem wilden Geschehen vollends aus. Alles was bisher so sicher schien, alles was dauerhaft und beständig schien, alles auf das wir uns stützten und was uns Geborgenheit gab, wird weggespült und verschwindet aus unserem Blickfeld.

Alles scheint verloren und wir sind verzweifelt. Friede und Trost sind uns verwehrt – der Sturm wirft uns hin und her und wir wissen nicht, wie es enden wird.

Unsere einzige Hoffnung ist die Hinwendung und das Vertrauen auf die unsichtbare Hand, die Newman zu den wundervollen Worten inspiriert hat, die Tausende – obwohl weit von seiner Auslegung der Wahrheit entfernt – ansprechen, sind sie doch Brüder im Geiste und verstehen daher seine Worte:

„Führe Du, mein Licht,
mich sanft durch schwerste Stunden.
Die Nacht ist dunkel, dem Heim bin ich fern;
Führe Du mich.
Lenke Du meine Füße; ich frage nicht, was in der Ferne mich erwartet;
begnüge mich mit einem Schritt.
Führe Du mich."

Nach einiger Zeit – und es geschieht immer nach einiger Zeit, bricht ein kleiner Lichtstrahl durch die Wolken und erhellt die Füße des sturmgeplagten Wanderers – ein Schritt nach dem anderen – ein neuer Weg, die ersten Meter. Er findet sich bald in einem neuen Land wieder.

Wie ein Autor schrieb:

„Bald erkennt er, dass er eine neues, unbekanntes Land betreten hat – dass er die Grenzen dorthin bereits überschritten hat. Hier sind keine der vertrauten Orientierungspunkte – er kennt die Landschaft nicht. Er sieht die große Entfernung zwischen ihm und seinen Freunden, die er am Fuß des Berges zurückgelassen hat. Er ruft ihnen laut zu, ihm doch zu folgen, aber sie können ihn kaum hören und scheinen um seine Sicherheit besorgt. Sie schwenken ihre Arme, winken mit den Händen, damit er zu ihnen zurückkehrt. Sie haben Angst, ihm zu folgen und bezweifeln, dass er dort sicher ist. Er aber scheint von neuem Mut erfüllt zu sein und ein seltsamer Impuls in ihm spornt ihn an, immer und immer weiter vorwärts zu gehen. Wohin er geht, er weiß es nicht – aber eine leidenschaftliche Freude ergreift von ihm Besitz und er macht weiter."

Das Licht, das aus dem Spirituellen Bewusstsein hervortritt, führt den Reisenden entlang des Erkenntnisweges – wenn er den Mut aufbringt, ihm zu folgen. Das Licht des Geistes ist immer ein verlässlicher Führer, aber nur wenige von uns haben die notwendige Zuversicht und das Vertrauen, diese Führung auch anzunehmen.

Die frühen Quäker wussten um dieses innere Licht und sie vertrauten darauf – aber in ihren Nachfolgern schimmert nur noch ein schwacher Abglanz von dem, was einst ein helles Licht war. Die Strahlen dieses Lichtes können von allen, die dafür bereit sind, wahrgenommen werden und die mit Hoffnung und Zuversicht dem Tag entgegensehen, an dem ihre Augen es schauen werden. Denn Du musst wissen, dieses innere Licht ist nicht etwa das Eigentum der Orientalen – keineswegs. Der Mensch des Ostens hat zwar mehr Aufmerksamkeit auf dieses Thema gelenkt als die Menschen des Westens, aber diese Form der Erleuchtung ist Eigentum der gesamten Menschheit und sie liegt vor jedem von uns, vor jeder einzelnen Frau und vor jedem einzelnen Mann. Die Zeichen dafür waren in allen Völkern und Zeiten bekannt. Alle Berichte stimmen im Wesentlichen überein, obwohl die Interpretationen oft weit auseinandergehen.

Die ersten Anzeichen für das Herannahen Spirituellen Bewusstseins ist die zunehmende Vorstellung von der Realität des Ichs – das Gewahr-Sein der realen Existenz der Seele. Wenn jemand beginnt zu fühlen, dass er, *er selbst,* seine Seele *ist* und nicht einfach nur etwas Wunderbares besitzt, das man „Seele" nennt, ihm aber gänzlich unbekannt ist – dann nähert sich dieser Mensch dem ersten Stadium des Spirituellen Bewusstseins, wenn er sich nicht bereits in seinem Grenzgebiet aufhält. Es gibt zwei Hauptphasen des Erblühens der Blüte, obwohl sie meistens ineinander übergehen. Die erste ist die volle Wahrnehmung des „ICH BIN"-Bewusstseins, die zweite Phase ist das Kosmische Bewusstsein.

Wir werden nun, wenn auch unbeholfen, versuchen, eine Vorstellung von diesen zwei Stadien zu vermitteln, auch wenn für manche, die diese Erfahrungen noch nicht gemacht haben, diese Worte bedeutungslos erscheinen mögen. Die Vorstellung des „ICH BIN"-Bewusstseins kann mit der Knospe verglichen werden – die Blüte selbst ist mit dem Kosmischen Bewusstsein vergleichbar. Viele, die diese Erfahrung des „ICH BIN"-Bewusstseins noch nicht gemacht haben, könnten annehmen, es sei einfach nur die intellektuelle Vorstellung von einem Selbst oder es handelt sich dabei um den Glauben an sich, oder es ist der Glaube an die Existenz der Seele, so wie sie es im Rahmen ihrer Religionsausübung erlernt haben. Aber es ist weit davon entfernt. Es ist mehr als ein intellektuelles Konzept oder bloß blinder Glaube an die Worte einer Autorität oder von sonst jemandem – sogar mehr als der Glaube an das göttliche Versprechen auf Unsterblichkeit. Es ist ein Bewusstsein – ein Wissen – dass man eine Seele IST, die Gewissheit, dass man ein spirituelles Wesen *ist* – unsterblich.

Hier, liebe Freunde sind wir dazu aufgerufen, eine Pause einzulegen, da es an Worten fehlt, die angemessen wären, das geistige Stadium zu beschreiben. Die jetzige Menschheit hält keine Worte dafür bereit. Im Sanskrit gibt es Ausdrücke, die in die Sprache der alten Yogis eingeflossen sind und die zumindest intellektuell von gebildeten Hindus verstanden wurden; in unseren westlichen Sprachen gibt es aber keine Worte, mit denen sich der Sinn vermitteln ließe. Wir können Euch mit unseren simplen bildlichen Beschreibungen nur versuchen, eine gewisse Idee davon zu geben. Wenn die Menschen eines bestimmten Zeitalters noch nicht durch die entsprechenden Erfahrungen gegangen sind, kann ihnen niemand Gefühle wirklich beschreiben, wie Liebe, oder Sympathie, oder irgendein anders Gefühl. Diese Dinge müssen gefühlt werden. Und genau so verhält es sich mit dem „ICH BIN"-Bewusstsein. Es kommt zu der Seele, die sich in ausreichendem Maß entfaltet hat, um die Strahlen des Wissens, die der Spirituelle Geist aussendet, aufzunehmen. Und dann *weiß* die Seele einfach – das ist alles. Sie hat das tatsächliche spirituelle Wissen um ihre Existenzform – ihre Unsterblichkeit – aber sie ist nicht in der Lage, es anderen zu erklären und sie kann es auch nicht – und das liegt in der Natur der Sache – sich selbst intellektuell erklären. Sie *weiß* einfach. Dieses Wissen ist keine Frage von Meinung, Beweisen oder Gläubigkeit oder von Hoffnung oder blindem Glauben. Es ist ein Bewusstsein – und wie jede andere Form des Bewusstseins, unaussprechlich schwer jemandem zu erklären,

der es noch nicht erfahren hat. Stell Dir vor, wie schwer es wäre, einem blind geborenen Menschen Licht zu erklären – oder jemandem, der noch nie etwas Süßes gekostet hat, Zucker zu beschreiben – oder Kälte einem Menschen, der in einem tropischen Land wohnt und diese Sinneswahrnehmung noch nie gemacht hat. Wir können jenen, die es selbst noch nicht erlebt haben, unsere spirituellen Erfahrungen einfach nicht erklären – eine Tatsache, die jenen, die in ihrem Leben Zeiten sogenannter „religiöser" Erfahrungen durchlebt haben, wohl bekannt ist. Wir sind über einen Fall informiert, wo dieses Bewusstsein zu einem Mann kam, der in einer Gemeinschaft lebte, in der offenbar niemand auch nur annähernd in diesem Entwicklungsstadium war. Er war Geschäftsmann mit überdurchschnittlichen Fähigkeiten und seine Interessen waren breit gestreut. Er spürte, wie eine Flut von Licht in seinen Verstand einströmte – wie die Gewissheit um seine spirituelle Existenz in sein Bewusstsein drang – und er war äußerst beunruhigt und besorgt. Er dachte, das müsste wohl ein Zeichen einer beginnenden Geisteskrankheit sein und er hoffte, dass es wieder vorüber gehen werde, obwohl ihm dieser Zustand größtes Glück bescherte. Aber es ging nicht vorüber und er ging so weit, dass er seine geschäftlichen Angelegenheiten übergeben hat, da er fürchtete, geistig aus dem Lot zu geraten; denn noch nie hatte er von einem ähnlichen Fall gehört. Wie auch immer, eines Tages nahm er ein Buch zur Hand, in dem der Autor Worte äußerte, wie sie nur von jemandem, der eine vergleichbare Erfahrung gemacht hatte, kommen konnten. Der Mann erkannte sofort die gemeinsame Sprache (obwohl sie für jemand anderen nicht zu erkennen gewesen wäre), warf die Hände über den Kopf und rief aus: „Gott sei Dank, noch so ein Verrückter."
Diese Wahrnehmung des „ICH BIN"-Bewusstseins ist schon zu

viel mehr Menschen als man annehmen würde, gekommen, aber jene, die dieses Bewusstsein haben, sprechen im Normalfall nicht darüber, da sie fürchten, ihre Freunde, Verwandten und Nachbarn würden sie für abnormal und geisteskrank halten. Und es ist tatsächlich nicht immer gut, diese Erfahrungen anderen mitzuteilen, denn jene, die nicht dieselbe Ebene erreicht haben, können es nicht verstehen und sehen im anderen etwas, wofür sie keinen Begriff haben und sind geneigt, ihn als irrational zu betrachten. Es ist eine seltsame Sache – geradezu amüsant – dass in einer Welt, die voller Menschen ist, die von sich behaupten, dass sie *daran glauben*, dass jeder von uns eine unsterbliche Seele ist (oder „hat", wie die gängige Formulierung lautet), ein Mensch, der von sich sagt, dass er es wirklich *weiß*, und dass dies der Wahrheit entspricht, als abnormal angesehen wird. Der Glaube der Menschheit ist nur hauchdünn – die Menschen fürchten den Tod genau so, (oder sogar noch mehr) wie jene, die der Meinung sind, dass mit dem Tod alles endet. Sie bestreiten alle Anzeichen für andere Ebenen und betrachten all jene, die darüber lehren und daran glauben, als Angeber oder Irre. Sie leben und handeln, als wäre das irdische Leben alles, ganz im Gegensatz zu ihrem Glauben, zu dem sie sich bekennen. Sie glauben „so halb" an bestimmte Dinge, haben aber kein wirkliches Wissen darüber und bestreiten, dass irgendjemand es besitzen könnte, wo es ihnen doch selbst fehlt. Aber für denjenigen, in dessen Bewusstseinsfeld ein paar Strahlen der Wahrheit aus dem Spirituellen Geist Eingang gefunden haben, sind diese Dinge nicht mehr länger bloß eine Glaubenssache – sie sind Wirklichkeit und obwohl so jemand mit den Ansichten seiner Umgebung konform erscheinen mag, wird er zu einem veränderten Wesen. Andere werden eine Veränderung an ihm bemerken, auch wenn er noch so schweigsam ist. Sie können nicht erklären, was es ist, aber sie fühlen etwas.

Man darf sich nicht vorstellen, dass dieses knospende Bewusstsein als Ganzes und in einem Moment in den Geist des Menschen hinein sprießt. Es ist zwar in einigen Fällen tatsächlich so geschehen, aber in der Mehrzahl ist es eine Sache des langsamen Wachstums, und doch ist der Mensch nicht mehr derselbe ab dem Moment, wo dieses Wachstum beginnt. Es scheint vielleicht so, als würde dieses Bewusstsein wieder verschwinden, jedoch kommt es immer wieder zu ihm zurück und bearbeitet die Natur dieses Menschen während der gesamten Dauer des Prozesses. Seine veränderte geistige Haltung manifestiert sich in Handlungen. Er wird zunehmend freundlich und glücklich. Dinge, die seinen Nachbarn bekümmern, scheinen auf ihn wenig Eindruck machen zu können. Er tut sich schwer, ein respektables Maß an Rachsucht und Gier im Zusammenhang mit Dingen, die auf seinen Mitmenschen schwer lasten würden, zu entwickeln. Er wird öfters als gefühllos und herzlos angesehen, obwohl er voll Liebe und Sanftheit ist. Seine geistige Haltung hat sich verändert – sein Standpunkt hat sich verlagert. Er bemerkt, wie er sich von der Angst löst; jene um ihn herum halten ihn für waghalsig und gedankenlos. Zeit hat für ihn wenig Bedeutung, denn er hat eine Vorstellung von der Ewigkeit. Entfernung ist nichts mehr, was ihn beeindruckt – ist nicht der ganze Raum seiner? So jemand sollte wirklich besser still sein. Denn er wird sonst als „schräger Vogel" angesehen, bei dem man sich (hinter seinem Rücken) an den Kopf tippt, wenn man über ihn spricht.

Es gibt ein weiteres Merkmal dieser Phase des Spirituellen Bewusstseins. Es betrifft den Umstand, dass jemand, der es erreicht hat, die Sprache dieses Wissens in den Worten anderer wiedererkennen kann. Er beschäftigt sich vielleicht mit alten Schriften, oder auch mit modernen Autoren und dort, wo andere nur schöne Worte lesen, wird er einem Herz-zu Herz Gespräch mit seinem Bruder im Geiste lauschen. Manche Autoren, die über eine nur schwach ausgeprägte Innenschau verfügen, fallen in eine „Stimmung", die es dem Spirituellen Geist ermöglicht, geschickt die niedrigeren mentalen Prinzipien zu erreichen. Mit dem Ergebnis, dass die Bedeutung dieser Worte für jene, die dafür bereit sind, klar verständlich ist, obwohl der Autor vielleicht gar nicht völlig verstanden hat, was er geschrieben hat. Spricht Geist, hört Geist.

Mögen jene, die diese Worte lesen und dieses Bewusstsein erlangt haben, Mut fassen. Lass Dich nicht von Deiner Einsamkeit niederdrücken oder deprimieren. Es gibt Tausende, die Deine Brüder und Schwestern in diesem großen Verstehen sind. Ihre und Deine Gedanken suchen einander, werden zu einander finden und allen wird es zugutekommen. Verhalte Dich, wenn Du es schaffst, ruhig in Deiner unmittelbaren Umgebung, aber öffne Dich für die Sympathie und die Hilfe, die mit Sicherheit über die Kanäle der Gedankenwellen zu Dir kommen werden. Dein Gedanke wird ähnliche Gedanken von anderen in demselben Bewusstsein anziehen und ihre Gedanken werden Deine anziehen. Durch Bücher, Texte oder Bilder wirst Du Worte finden, die für Dich und Deines Gleichen bestimmt sind. Lies noch einmal die alten Bücher und beobachte, wie verändert sie nun auf Dich wirken; jetzt, wo Du verstehst. Lies die Bibel; lies Shakespeare; lies die Dichter und Philosophen – Du wirst staunen, wie schnell Du erkennen wirst, dass sie alle Deine Brüder sind. Die schwer zugänglichen Passagen und schwierigen Aussagen machen plötzlich für Dich Sinn. Du musst Dich nicht alleine fühlen – Du bist Teil einer großen und wachsenden Familie. Aber vermeide auf der anderen Seite, von Deiner Entwicklung zu sehr eingenommen zu sein. Du befindest Dich gerade erst auf der Schwelle und die große Halle des Lernens der okkulten Weisheit liegt vor Dir. In dieser Halle gibt es viele Grade und Du wirst geprüft, bevor Du Deinen Gang fortsetzten kannst.

Bevor wir uns dem nächsten Stadium im Wachstum der Blüte widmen, mag unsere Leser die Beschreibung einer sonderbaren Begebenheit interessieren, die von Rudyard Kipling in einem seiner Werke geschildert wird. Dieser große Autor weiß viel mehr, als er seinen englischen und amerikanischen Lesern im Buch „Kim" über das Leben in Ost-Indien erzählt. Viele, die es gelesen haben, konnten „nichts Besonderes" darin finden, doch jene die bereits einen flüchtigen Eindruck dieses spirituellen Bewusstseins bekommen haben, werden sofort verstehen. Hier ist die Geschichte:
„Nun bin ich alleine – ganz alleine", dachte er. „In ganz Indien gibt es niemanden, der so alleine ist, wie ich es bin! Würde ich heute sterben, wer würde die Todesnachricht überbringen – und wem? Wenn mir aber Gott gnädig ist und ich am Leben bleibe, wird Kopfgeld auf mich ausgesetzt werden, denn ich bin ein Kind des Zaubers – ich, Kim".
Sehr wenige Weiße, aber viele Asiaten, können sich durch die fortgesetzte Wiederholung ihres Namens und dem freien Lauf des Geistes auf der Suche nach ihrer persönlichen Identität in Verzückung versetzen. ...
„Wer ist Kim – Kim – Kim?"
Er hockte in einer Ecke des lärmerfüllten Warteraumes, allen anderen Gedanken entzogen, mit Pupillen, so klein wie Stecknadeln, die Hände in seinem Schoß. Er fühlte, er war der

Lösung dieses großen Rätsels ganz nah; im nächsten Moment, ja in der nächsten Sekunde würde er es gelöst haben; aber dann geschah es, wie es immer geschieht, – sein Geist fiel ab und stürzte aus den Höhen wie ein verwundeter Vogel in die Tiefe. Die Hände vor seinem Gesicht, schüttelte er den Kopf.

„Ein Hindu mit langem Haar, ein *Bairagi* (ein heiliger Mann), der soeben ein Ticket am Schalter gelöst hatte, stellte sich in diesem Moment vor ihn hin und blickte ihn aufmerksam an.

„Ich habe es auch verloren", sagte er mit trauriger Stimme. „Es ist eines der Tore auf dem Weg, aber für mich war dieses Tor über viele Jahre verschlossen."

„Wovon sprechen Sie?" sagte Kim erstaunt.

„Du wolltest in Deinem Geist ergründen, was für ein Ding Deine Seele ist, ... Ich weiß. Wer, wenn nicht ich, weiß, dass es so war?"

(aus: *Kim*, von Rudyard Kipling. Seite 295–96. Doubleday, Page & Co., New York.)

Tennyson, der Dichter hat sich, laut Berichten aus seinem engeren Freundeskreis, hin und wieder durch eine ähnliche Prozedur, wie die soeben beschriebene, in Ekstase und eine schwache Form von spiritueller Erleuchtung versetzt. In dem er seinen Namen immerzu wiederholte und gleichzeitig über seine wahre Identität meditierte, war es ihm möglich, einen Zustand des vollen Bewusstseins von Unsterblichkeit und der Realität seiner Existenz als lebendige vom Körper unabhängige Seele zu erreichen.

Persönlich favorisieren wir diese Methode des „Einbrechens in das Königreich" nicht. Wir finden es besser, wenn der sich entfaltende Spirituelle Geist seine Lichtstrahlen graduell in das Feld des Bewusstseins ergießen kann. Wir halten das für den besseren Weg, obwohl viele Yoga-Lehrer anderer Meinung sind und ihre Schüler dazu anweisen, Übungen, die auf diese Form der Bewusstseinsentfaltung ausgerichtet sind, durchzuführen. Es gibt hier einfach verschiedene Auffassungen zu dem Thema und wir haben nicht die Absicht, unsere Meinung jemandem aufzudrängen, sollte er die andere Methode bevorzugen.

Eine der sinnvollsten Übungen der Yogis zur Unterstützung dieser Entfaltung wird in den nächsten Zeilen erklärt.

Übung:
Bringe Deinen Körper in eine entspannte und angelehnte Position. Atme rhythmisch und meditiere über Dein wahres Selbst, in dem Du von Dir als ein von Deinem Körper unabhängiges Wesen denkst. Obwohl Du Deinen Körper bewohnst, bist Du willentlich in der Lage, ihn zu verlassen. Betrachte Dich als Seele, nicht als Körper. Begreife Deinen Körper als bloße Hülle, nützlich und hilfreich, aber als bloßes Instrument für die Zwecke Deines Wahren Selbst. Denke über Dich im Sinne einer unabhängigen Existenz, die den Körper völlig frei und zum besten Nutzen verwendet und völlige Meisterschaft über ihn inne hat. Während Du meditierst, ignoriere Deinen Körper völlig, Du wirst bemerken, dass Du ihn zeitweise völlig vergisst. Möglicherweise bekommst Du auch den Eindruck, dass Du Dich außerhalb Deines Körpers befindest und am Ende der Übung wieder in ihn zurückgehst. (Rhythmisches Atmen ist in unserem kleinen Buch *„Science of Breath"* beschreiben.)

Mantra und Meditation:
In Verbindung mit dieser eben beschriebenen Übung kann der Student, wenn er es möchte, das folgende Mantra und diese Meditation einbeziehen:

„Ich bin. Ich erkenne die Realität meiner Existenz – nicht bloß meiner physischen Existenz, die vorübergehend und relativ ist – sondern meine wahre Existenz im Geiste, die ewig und absolut ist. Ich erkenne die Realität des Ich – meiner Seele – meines Selbst. Das wahre „Ich" ist das geistige Prinzip, das sich in Körper und Geist manifestiert, der höchste mir bewusste Ausdruck meiner Selbst ist meine Seele. Dieses „Ich" kann weder sterben noch ausgelöscht werden. Es mag seine Ausdrucksform verändern oder die Trägersubstanz seiner Manifestation, aber es bleibt immer dasselbe „Ich" – ein Teilchen des Universellen Geistes – ein Tropfen des großen Spirituellen Ozeans – ein spirituelles Atom, das sich in meinem jetzigen Bewusstsein manifestiert und seiner vollendeten Entfaltung entgegengeht. Ich bin meine Seele – meine Seele ist mein Ich – alles andere ist nur vorübergehend und wandelbar. Ich bin – Ich bin – Ich bin."
Wiederhole die Worte „ Ich bin" einige Male.

Der Student sollte einige Minuten pro Tag der stillen Meditation widmen, an einem möglichst ruhigen Platz, liegend oder sitzend und in angenehmer Position seine Muskeln entspannen und seinen Geist beruhigen. Wenn diese Situation erreicht ist, wird er die Erfahrung einer besonderen Wahrnehmung von Ruhe und Stille machen, die als das „Eintreten in die Stille" bezeichnet wird. Dann sollte er das oben zitierte Mantra wiederholen, oder ein ähnliches (es liegt keine spezielle Kraft allein in den bloßen Worten) und in der beschriebenen Weise meditieren. Das Mantra *ICH BIN* wird dem Studenten, wenn es klar verstanden und verinnerlicht wurde, eine Ausstrahlung von stiller Würde und ruhiger Kraft verleihen, die für jene, die mit ihm in Kontakt kommen, auffallend sein wird. Es wird ihn eine Aura von Stärke und Kraft umgeben. Es wird ihm ermöglichen, die Angst abzuwerfen und der Welt der Frauen und Männer ruhig ins Auge zu blicken, denn er weiß, dass er eine ewige Seele ist und dass nichts ihm Schaden zufügen kann. Bereits die ersten Stadien dieses Bewusstseins heben einen über die kleinen Sorgen, Befürchtungen Ärgernisse, Ängste und Eifersüchteleien der niedrigeren mentalen Ebenen hinweg und bewirken, dass man eine Frau oder ein Mann „des Geistes" wird – im wahrsten Sinne des Wortes.

Solche Menschen haben eine hilfreiche Wirkung auf die Menschen, mit denen sie in Kontakt kommen, denn es umgibt sie eine undefinierbare Aura, die dazu führt, dass sie als vertrauenswürdig und respektabel erkannt werden.

Diese Meditationen und Übungen können als Stütze in der Phase der Entwicklung des Bewusstseins der Realität der Seele gesehen werden. Die Wahrnehmung der Unsterblichkeit wächst graduell mit dem sich entfaltenden Bewusstsein. Aber der Schüler darf sich nicht erlauben, zu sehr in den „höheren Regionen" zu leben oder seinen Körper, die Welt oder seine Mitmenschen zu verachten. Das bezeichnet man als „spirituellen Hochmut" und dieser wird seinen Fall mit sich bringen. Du bist hier in der Welt aus einem bestimmten Grund, und Du musst Deine Erfahrungen sammeln, um Dich zu vervollständigen. Du bist wirklich in der besten Position, um die Erfahrungen zu machen, die Du für Dich brauchst – und Du wirst keinen Moment länger als notwendig und für Dein Wohl erforderlich ist, in dieser Position verbleiben müssen. Lebe, wachse und entfalte Dich – lebe Dein eigenes Leben – gib Dein Bestes. „Und sei freundlich." Dieses „ICH BIN"-Bewusstsein ist, obwohl es weit über das durchschnittliche Bewusstsein der jetzigen Menschheit hinausreicht, trotzdem nur eine Vorstufe zum Kosmischen Bewusstsein, das die Seele auf ihrem Weg der Entfaltung erwartet. Es ist die Knospe, die sich zur rechten Zeit öffnet und zur vollständigen Blüte wird.

Angesichts dessen, wie schwierig es war, die soeben beschriebenen Erfahrungen in einfachen Worten anzudeuten, kann man sich vorstellen, wie wir uns nun mit Blick auf diese nächst höhere Phase, um die es jetzt gehen wird, fühlen. Aber wir werden unser Bestes versuchen, obwohl unsere Worte notgedrungen zu schwach und inadäquat erscheinen müssen. Jenen, die für die Wahrheit noch nicht bereit sind, muss das, was wir sagen, wie der größte Unsinn vorkommen, aber auch ihnen werden die Worte im Gedächtnis bleiben und sie werden zu gegebener Zeit zumindest teilweise dafür bereit sein.

Wie der gute alte Walt Whitman schon sagte:
„Meine Worte werden solange in Deinen Ohren kribbeln, bis Du sie verstanden haben wirst."

Das Kosmische Bewusstsein ist die vollkommene Blüte, die *„in der Stille, die dem Sturm folgt, erblüht"*, wie es die Autorin, oder die Übermittlerin von *„Licht auf dem Pfad"* so wunderschön ausdrückte. Es ist der Zustand, der mit dem Geschehen der „Erleuchtung" einhergeht. Die Autoren okkulter Schriften haben zu allen Zeiten darüber berichtet und auch von „gewöhnlichen" Menschen wurde über die Jahrhunderte immer wieder, zumindest teilweise, davon erzählt, ganz unabhängig davon, welcher religiösen Glaubensrichtung sie angehörten. Manche von ihnen haben es als Resultat einer speziellen Praxis der Gottesverehrung angesehen, oder als Ereignis im Zusammenhang mit einem bestimmten Glauben. Aber es ist etwas, das jenseits von Glauben oder Konzepten des Absoluten geschieht – es ist in Wahrheit Teil des göttlichen Erbes der Menschheit. Viele der orientalischen Schriftsteller haben es in ihren eigenen Worten beschrieben – viele der alten Quäker haben dieser Erfahrung ihren eigenen Namen gegeben – viele katholische Heilige haben es in ihren Schriften belegt und sogar einige der führenden protestantischen Prediger haben verblüffende Zeugnisse über das große Geschehen, das über sie kam, abgelegt. Sie alle brachten es in der Regel in Verbindung mit ihrem Glauben. Große Dichter fühlten diesen Einfluss, – die Zeugnisse kommen aus den verschiedensten Quellen – aber alle mit demselben Tenor.

Einige haben es langsam, immer stärker werdend und dann wieder verblassend erlebt und waren danach völlig veränderte Wesen, von da an in der Hoffnung, dieses große Ereignis wieder erleben zu dürfen. Andere wiederum haben es in einem Augenblick auf sie einstürzend erlebt, als wären sie plötzlich und vollständig in gleißendes Licht getaucht (wovon sich auch der Ausdruck „Erleuchtung" ableitet) und auch hier verschwand es danach wieder und ließ sie als veränderte Wesen zurück. Das Erlebnis scheint keinen zwei Seelen auf die exakt gleiche Art zu begegnen, und doch weisen alle Berichte eine Gemeinsamkeit auf. Ein westlicher Autor (der nicht mehr unter uns weilt), Dr. Richard Maurice Bucke aus London, Ontario, in Kanada, hat diese Erleuchtungs-Erfahrung selbst durchlebt und hat in der Folge festgestellt, dass sein Freund Walt Whitman und auch weitere Freunde Ähnliches erfahren hatten. Er hat die Berichte von einigen, die seiner Meinung nach denselben Prozess der Entfaltung durchwandert haben, gesammelt und das Ergebnis dieser Recherche in einem wertvollen und nützlichen Buch mit dem Titel: „Kosmisches Bewusstsein: Untersuchungen zur Evolution des menschlichen Geistes" veröffentlicht. (*"Cosmic Consciousness: a Study in the Evolution of the Human Mind", Innes & Sons, Philadelphia, Penna., U. S. A.*). Es wurde in einer kleinen Auflage von nur 500

Exemplaren veröffentlicht und wir nehmen an, dass es keine weiteren Auflagen gibt. Möglicherweise ist es in den großen Bibliotheken zu finden – die sorgfältige Lektüre dieses Buches würde sich jedenfalls lohnen.

Die orientalischen Schriften widmen sich in großer Zahl diesem Thema, die westliche Literatur beginnt sich nun auch damit auseinanderzusetzen. In fast allen westlichen Texten werden hauptsächlich die typischen Merkmale des spontanen und plötzlichen Aufblitzens dieses großen Bewusstseins beschrieben. Okkultisten, die bereits sehr fortgeschritten sind, können diesen Zustand willentlich herbeiführen und auch manche der sehr hochentwickelten, inkarnierten Seelen, die weder als Lehrer oder Autoren in der Öffentlichkeit stehen, können, so wird angenommen, fast ohne Unterbrechung in diesem Bewusstseinszustand verweilen. Ihre Arbeit an der Welt wird durch jene Menschen, die noch nicht so hoch entwickelt sind, ausgeführt, in dem sie diese mit Fragmenten ihrer großen Weisheit inspirieren. Ganz im Allgemeinen kann man sagen, dass diese Erfahrung als eine *effektive Realisierung* der Einheit von Allem und weiters als die Realisierung der Verbindung des Einzelnen mit diesem Ganzen bezeichnet werden kann.

Das Lichtteilchen, das zur Bildung des Lichtstrahls beiträgt, wird sich zum Beispiel der Verbindung mit der zentralen Sonne bewusst – der Tropfen im Ozean erkennt für einen Moment seine Beziehung zum großen geistigen Ozean. Hindus sprachen im Zusammenhang mit intensiven Manifestationen des Licht-Einbruchs in das Bewusstsein als „Herrlichkeit Brahmas". Die vorherrschende Emotion während dieses Geschehens ist ein intensives Gefühl von Freude, das weit über jedes zuvor erlebte Gefühl von Freude hinausgeht – es ist das Empfinden *absoluter Freude*, wenn dieser Begriff gestattet ist.

Die Erinnerung an diese große Freude – die Reflexion ihres Lichtes – schwingt in der Seele fortan für immer mit. Jene, die einmal diesen Zustand erlebt haben, sind danach anhaltend freundlicher und glücklicher, sie haben, so scheint es, eine geheime Quelle der Freude, aus der sie trinken können, wenn ihre Seele dürstet. Die intensive Freude verblasst zwar schrittweise wieder, doch etwas bleibt zurück, das sie immer wieder ermutigt und bestärkt. Dieses Gefühl der Freude ist so stark, dass allein die Gedanken daran lebhaftes Entzücken hervorrufen – dass die Erinnerung an die Erfahrung das Blut in Wallung und das Herz zum Pochen bringt, sobald der Verstand geistig in das Ereignis wieder vollständig zurückgekehrt ist. Dann sprechen wir von einer intellektuellen Erleuchtung, einem „Strom des Wissens", der sich ergießt und sich jeglicher Beschreibung entzieht. Die Seele wird sich eines in ihr innewohnenden *absoluten Wissens* bewusst – Wissen über alle Dinge; – das „Warum und Wofür" in Bezug auf alles wird als etwas erkannt, das in ihr selbst existiert. Die Empfindung kann nicht beschrieben werden, nicht einmal ansatzweise. Es liegt so weit über allem, was der menschliche Verstand erfahren hat, dass es schlicht und einfach keine Worte dafür gibt, die dem Erlebten und Verstandenen nahe kommen. Alles scheint plötzlich klar zu sein – es ist aber keine Form von erhöhter Fähigkeit zur Schlussfolgerung oder des Analysierens, Herleitens oder des Bestimmens, um das es hier geht, – die Seele *weiß* einfach. Die Empfindung mag einen Bruchteil einer Sekunde dauern – manche verlieren während dessen jegliches Gefühl von Zeit und Raum – aber das darauffolgende intensive Bedauern darüber, dass dieses Große dem Bewusstsein wieder entglitten ist, kann kaum von jemandem nachvollzogen werden, der es bisher noch nie erlebt hat. Das Einzige, was dem Verstand ermöglicht, diesen Verlust zu ertragen, ist die

Gewissheit, dass diese Erfahrung irgendwann – irgendwo – wiederkommen wird. Allein schon um dieser Gewissheit willen, „lohnt" sich die Existenz.

Es ist ein Vorgeschmack davon, was die Seele erwartet.

Eines der grundlegenden Dinge, die durch diesen flüchtigen Blick unauslöschlich in den Verstand Einzug gehalten haben, ist das Wissen – ja die Gewissheit, dass alles von Leben durchdrungen ist – dass das Universum mit Leben erfüllt ist und kein lebloses Objekt ist. Es ist ein wissendes Sehen, dass alles von Leben und Intelligenz erfüllt ist. Ewiges Leben wird gespürt. Unendlichkeit wird begriffen. Die Worte „Ewigkeit" und „Unendlichkeit" haben von da an eindeutige und tatsächliche Bedeutung, wann immer man über sie nachdenkt, obwohl es nicht möglich ist, anderen die Bedeutung zu erklären.

Eine andere Wahrnehmung ist die der Empfindung vollkommener Liebe für alles Lebendige – dieses Gefühl übersteigt ebenfalls alles, was davor an liebevollen Gefühlen empfunden wurde. Während des Erlebens selbst ist ein Zustand völliger Furchtlosigkeit vorherrschend – vielleicht präziser ausgedrückt: das Bewusstsein von Angst fehlt – es scheint einfach keinen Grund für sie zu geben – und sie entschwindet. Man denkt nicht einmal an Angst, während man in diesem Erleben ist; erst im Nachhinein, wenn die Erinnerung an manche Empfindungen wieder zurückkehrt, realisiert man, dass man währenddessen völlig davon befreit war. Das Gefühl von Wissen, Gewissheit, von Vertrauen und Zuversicht, das einen erfüllt, lässt keinen Platz für Angst.

Eine andere Wahrnehmung ist, dass das, was man als „Schuld-Bewusstsein" bezeichnen kann, entschwindet. Es wird durch das Prinzip des „Guten", das im gesamten Universum wirksam ist, ersetzt. Mit dem „Guten" meinen wir nicht das Gute im

Vergleich zu etwas anderem, sondern das Gute im *absoluten* Sinn.

Wie wir schon gesagt haben, hinterlässt diese Erfahrung, wenn sie einmal einer Seele begegnet ist, diese Person als verändertes Wesen. Der Mensch ist nachher niemals mehr derselbe. Obwohl mit der Zeit die Fähigkeit, sich das außergewöhnliche Geschehen in vollem Ausmaß wieder in Erinnerung zu rufen, abnimmt, so verbleibt doch ein gewisser Gehalt davon im Gedächtnis, der sich, speziell in Zeiten geschwächter Zuversicht oder Mutlosigkeit, als sichere Quelle der Aufmunterung und Stärkung erweist, wenn der Mensch von den Stürmen widersprüchlicher Ansichten und Meinungen seines Intellekts wie ein Rohr im Wind hin und her geworfen wird. Die Erinnerung an diese Erfahrung ist eine Quelle erneuerter Stärke – ein Himmel des Rückzugs, in dem die geplagte Seele Zuflucht und Schutz vor der äußeren Welt finden kann, die sie nicht versteht.

So wollen wir nun diesen kühnen Versuch, zu beschreiben, was nicht beschreibbar ist, damit abschließen, in dem wir unsere eigenen Worte wiederholen, wie sie in der dritten, der *„Vierzehn Lektionen"* zu lesen sind:

Aus den Schriften der alten Philosophen aller Kulturen, aus den Gesängen der alten Dichter aller Völker, aus den Reden der Propheten aller Religionen und Zeiten lesen wir die Spuren dieser Erleuchtung – der Entfaltung des Spirituellen Bewusstseins, so wie sie dem Menschen begegnet sind. Der eine erzählt davon in einer Weise, ein anderer wiederum in einer anderen Form – aber im Grunde erzählen sie alle ein- und dieselbe Geschichte. Alle, die diese Erleuchtung erfahren haben, selbst in einem geringen Grad, erkennen die gleiche Erfahrung in den Geschichten, Liedern, oder den Reden der anderen wieder, obwohl zwischen ihnen die Jahrhunderte vorbeigezogen sind. Es ist das Lied der Seele, das, wenn es einmal gehört wurde, niemals mehr vergessen wird. Ob es auf rohen Instrumenten prähistorischer Kulturen oder auf perfekten Instrumenten talentierter Musiker unserer Zeit ertönt, die Herkunft ist immer klar erkennbar. Das Lied der Seele – es kommt aus dem alten Ägypten – aus allen Zeitaltern Indiens – aus dem alten Griechenland und Rom – von den frühen christlichen Heiligen – den Quäker-Freunden – den katholischen Klöstern – den Moscheen – von den chinesischen Philosophen – von den Weissagungen der indigenen Amerikaner – immer hat es den selben Ursprung, wird lauter und lauter und immer mehr Menschen erweitern mit ihren Stimmen, mit dem Klang ihrer Instrumente, den großen Chor. Möge Euch diese große Freude der Erleuchtung zu Teil werden, liebe Studenten.

Und sie *wird* Euer sein, wenn die Zeit dafür gekommen sein wird.

Wenn sie kommt – seid nicht bestürzt und beklagt Euch nicht, wenn sie wieder geht, denn sie wird wieder kommen. Lebt weiter, immer Eurem Wahren Selbst entgegen, in dem Ihr Euch für seinen Einfluss öffnet. Seid immer bereit, die Stimme aus der Stille zu vernehmen – immer bereit, auf die Berührung der unsichtbaren Hand zu antworten. Fürchtet Euch nicht, denn Ihr habt Euer Wahres Selbst immer in Euch, es ist ein Funke, ein Teilchen der Göttlichen Flamme – es wird Euch die Laterne sein, die den Weg zu Euren Füßen erleuchtet.

Wir lenken nun die Aufmerksamkeit des Schülers auf die Passage von „Licht auf dem Pfad", in der es um das Erblühen der Blume geht. Hier wird uns erklärt: Während der Sturm anhält – der Kampf in vollem Gange ist – wächst die Pflanze heran; bekommt Zweige und Blätter, formt eine Knospe (erinnere Dich, was wir über das Stadium der Knospe, das der

Blüte vorausgeht, erzählt haben), doch die Blüte kann sich nicht öffnen, *„bevor die ganze Persönlichkeit des Menschen aufgelöst und dahin geschmolzen sein wird – vom göttlichen Fragment gehalten, von dem sie zum Zwecke des Studiums und der Erfahrung geschaffen wurde – nicht bevor die gesamte Natur sich ergeben hat und in seinem höheren Selbst aufgegangen sein wird, kann die Blüte sich öffnen."*

Die „ganze Persönlichkeit" bezieht sich hier auf den niedrigeren Teil der Seele – ihre niedrigeren Prinzipien. Erst wenn das Höchste, das sich in uns entfaltet hat, die Meisterschaft über die niedere Natur übernommen hat, kann das ersehnte Ereignis stattfinden. Solange die niederen Charakterzüge regieren und den Menschen beherrschen, verschließt sich der Mensch noch dem göttlichen Licht. Erst wenn er das *wahre* „Ich" zur Geltung bringt, wird er für die weitere Entfaltung bereit.

Wir haben beschrieben, was die *Knospe* und die *Blüte* bedeuten – das „ICH BIN"-Bewusstsein. Wenn Du das vollständig begriffen hast und realisiert hast, was Du bist und das (Dir im Moment) höchste Bewusstsein zum Meister Deiner niederen Prinzipien gemacht hast, dann bist Du für das Öffnen der Blüte bereit.

Höre auf die wundervollen Worte aus dem Text: *„Dann wird eine Ruhe einkehren – so wie in einem tropischen Land – wo nach schweren Regenfällen die Natur so schnell arbeitet, dass man ihr geradezu dabei zusehen kann. Solch eine Ruhe wird zu dem geschundenen Geist kommen. Und dann wird sich in der tiefsten Stille das geheime Geschehen ereignen, das dafür Zeugnis sein wird, dass der Weg gefunden wurde."*

Wir haben versucht, Dir dieses geheimnisvolle Geschehen näherzubringen und vertrauen darauf, dass wir Dir zumindest eine klarere Vorstellung davon ermöglicht haben.

Die Autorin des kleinen Handbuchs teilt naturgemäß die Schwierigkeit und Herausforderung mit all jenen, die darum bemüht sind und waren, diese große Erfahrung zu beschreiben. Sie schreibt weiters: *„Nenne es, wie Du möchtest. Es ist die Stimme, die dort spricht, wo keine Stimme mehr ist, – die Botschaft, die kommt – eine Botschaft ohne Form und Substanz – oder es ist die Blume der Seele, die sich eröffnet hat. Es kann nicht mit irgendeiner Metapher beschrieben werden. Aber es kann nachempfunden werden, es kann danach gesucht werden, es kann ersehnt werden, sogar in Mitten des Sturmes."*

Und in den nächsten Zeilen geht sie auf die Zeit-Dauer dieser Stille, die nach dem Sturm kommt, ein:

„Die Stille mag einen Moment andauern, oder sie kann tausend Jahre währen. Aber sie wird enden. Und doch wirst Du die Stärke fortan mit Dir tragen. Immer und immer wieder muss dieser Kampf durchlebt und gewonnen werden. Die Natur steht nur still – für einen Zwischenraum."

In diesem letzten Absatz bezieht sich der Text klar auf die teilweise oder vorübergehende Erleuchtung, wie wir sie bereits beschrieben haben. Die Zeit, wenn das Spirituelle Bewusstsein ein permanentes wird – wenn die Herrlichkeit Brahmas ununterbrochen in unserer Seele wohnen wird, liegt noch in weiter Ferne – jene, die sich jetzt dieses Zustandes erfreuen, sind Wesen, die uns in der spirituellen Entwicklung weit vorausgehen. Und doch waren sie einst wie wir heute – und wir werden eines Tages so sein, wie sie heute sind.

Die Ereignisse des Aufblitzens von Erleuchtung kommen zum fortgeschrittenen Schüler, während er auf dem Weg voranschreitet. Und obwohl sie ihn wieder verlassen, bleibt die Stärkung, die er durch sie erfuhr, beständig in ihm.

Wir möchten die Aufmerksamkeit des Schülers auch noch auf

die Fußnote, die das vorangegangene Kapitel begleitet, lenken, denn sie enthält eine wunderbare okkulte Wahrheit, in der Form eines Versprechens. Dieses Versprechen hat Tausende auf ihrem Weg angespornt – sie zu weiterem Bemühen befähigt – sie mit neuer Begeisterung und mit Mut erfüllt.

Also höre:
„O Schüler! Wisse, all jene, die durch die Stille gegangen sind, den Frieden der Stille gefühlt und in ihr Stärkung erfahren haben, sie alle ersehnen, dass Du dasselbe erfährst. Und darum wird der Schüler in der Halle des Lernens immer seinen Meister finden, sobald er in der Lage ist, einzutreten."

Die letzte Fußnote im Teil 1 von *„Licht auf dem Pfad"* (die zugleich den Abschluss des ersten Teils des Handbuchs darstellt), sollte vom Schüler sorgfältig und aufmerksam gelesen werden, denn sie enthält wesentliche Informationen. Wir sind der Ansicht, dass es sinnvoll ist, diesen Abschnitt bereits hier an dieser Stelle einzufügen und zu behandeln, da er sonst leicht übersehen werden könnte.
Wir sind zuversichtlich, dass wir Euch ein wenig behilflich waren, zu einem klareren Verständnis zu gelangen. Wenn man den Schlüssel besitzt, ist man in der Lage, die vielen Türen in der Halle des Lernens zu öffnen und auf all das Wunderbare im Inneren zu schauen, selbst wenn man heute noch nicht das Privileg hat, einzutreten.

Hier also die angesprochene Fußnote:
Anmerkung: Jenen, die bitten, wird gegeben werden. Aber obwohl der gewöhnliche Mensch permanent bittet, wird seine Stimme nicht erhört. Denn er bittet allein mit seinem Verstand und diese Bitten werden nur auf der Ebene des

Verstandes gehört. Daher sage ich: Erst nachdem die ersten einundzwanzig Lektionen durchschritten wurden, wird jenen, die bitten, gegeben werden. Im okkulten Sinne zu lesen, bedeutet mit den Augen des Geistes zu lesen. Zu bitten bedeutet, den Hunger im Inneren zu fühlen – das Sehnen nach geistiger Nahrung. Lesen zu können bedeutet, in einem kleinen Maß die Fähigkeit erlangt zu haben, diesen Hunger zu stillen. Wenn der Suchende bereit ist zu lernen, dann wird er wahrgenommen, anerkannt und aufgenommen. Das muss so sein; denn er hat seine Lampe entzündet und diese kann nicht ungesehen bleiben. Aber es ist unmöglich zu lernen, bevor nicht der erste große Kampf gewonnen wurde.

Der Intellekt mag vielleicht die Wahrheit schon anerkennen, aber der Geist kann sie noch nicht empfangen. Einmal durch den Sturm gegangen zu sein und den Frieden gefunden zu haben, bewirkt, dass ab diesem Moment Lernen immer möglich ist, sogar wenn der Schüler schwankt, zögert und sich abwendet. Die Stimme der Stille ist dauerhaft in ihm; und selbst wenn er den Weg demonstrativ verlassen sollte, eines Tages wird die Stimme in ihm wieder erklingen und ihn zweiteilen und seine Leidenschaften von seinen göttlichen Möglichkeiten trennen. Und dann wird er unter Schmerzen und Klagen seiner niedrigeren Charakterzüge, die er nun hinter sich gelassen hat, zurückkehren.

Daher sage ich: Friede sei mit Euch.

Doch: „Meinen Frieden gebe ich Euch" – das kann nur der Meister zu seinen geliebten Schülern sagen, die so sind wie er selbst.

Es gibt einige, denen dies schon gesagt werden kann; auch unter jenen, die mit der östlichen Weisheit nicht vertraut sind, sind einige, denen dies gesagt werden kann, mit täglich wachsender Deutlichkeit.

Hier endet die Erörterung des ersten Teils von *„Licht auf dem Pfad"*.

Der zweite Teil liegt nun vor uns. Man mag vielleicht einwenden, dass sich der zweite Teil mit den Erfahrungen befasst, die dem Studenten erst dann zugänglich werden, nachdem er die Stille, die dem Sturm folgte, durchschritten hat und daher für den Suchenden, der dieses Stadium noch nicht erreicht hat, nicht relevant wären. Dem entgegnen wir, dass die Erlebnisse des fortgeschrittenen Studenten sehr große Ähnlichkeiten mit den Erlebnissen des Studenten haben, der noch nicht über diese Schwelle gegangen ist. Der Pfad ist eine Spirale – und obwohl der Reisende kontinuierlich vorwärts und aufwärts schreitet, passiert er doch in seinen „Runden" immer wieder die gleichen Punkte, die er gerade eben erst durchlaufen hat – in einer um eine Umdrehung höheren Ebene. Wir sind daher motiviert, die Betrachtungen über dieses wunderbare kleine Handbuch fortzusetzen, auf dass die noch nicht so fortgeschrittenen Studenten dadurch Ermutigung, Unterstützung und Verständnis erlangen mögen. Der zweite Teil des Handbuches beinhaltet große Wahrheiten, die für alle von uns sehr hilfreich sein können. Sehen wir uns diese nun genauer an. Viele unserer Studenten haben danach gefragt, welchen Übungen sich Yogis unterziehen, um diese spirituelle Erleuchtung zu erlangen. Wir antworten, indem wir darauf hinweisen, dass die besten Autoritäten unter den Yogis die meisten Praktiken, die unter ihren noch nicht so weit entwickelten Brüdern verbreitet sind, nicht befürworten. Sie glauben, dass solche Praktiken mehr oder weniger abnormal sind und anstelle der ersehnten wirklichen Erleuchtung nur einen psychischen Zustand hervorrufen, der bloß eine Reflexion des angestrebten Zustandes darstellt – einen Mond anstelle der Sonne. Solche psychischen Zustände sind für die spirituelle Entwicklung nicht hilfreich, obwohl sie zweifellos einen ekstatischen Zustand erzeugen, der zwar für den Moment erfreuen kann, aber als psychische Intoxikation anzusehen ist, wenn dieser Ausdruck in dem Zusammenhang gestattet ist.

Meditation auf gedanklicher Basis ist sicherlich nützlich und wird auch von vielen Yoga-Schülern in Kombination mit rhythmischem Atmen als beruhigend empfunden, aber diese Dinge können bestenfalls den Boden für das Wachstum der Pflanze bereiten, aus der die Blüte dann sprießt. Die Pflanze selbst kommt dann, wenn die Zeit dafür reif ist – ihr Erscheinen kann nicht erzwungen werden. Sorgen wir für die besten Bedingungen für ihr Wachstum und ihr Gedeihen. Heißen wir sie willkommen, wenn sie kommt – und leben wir bis dahin unser Leben, indem wir uns am Besten in uns orientieren. Der Umstand, dass Du (der Student) Dich zu solchen Themen hingezogen fühlst, ist ein Zeichen dafür, dass DU Dich spirituell entwickelst. Sonst würden Dich diese Themen nicht anziehen. Wenn die Worte, die Du liest, eine Resonanz in deiner Seele bewirken, sei versichert, dass das, was zu Dir kommen soll, auch zu Dir kommen wird und dass Du auf dem richtigen Weg bist. Suche das Licht, es wird zu Dir kommen – sei seiner Ankunft würdig.

Höre abschließend dazu diese Worte Edward Carpenters:

„O, lass die Flamme nicht verlöschen!
Durch alle Zeiten verehrt;
in dunklen Höhlen,
heiligen Tempeln genährt.
Von Dienern der reinen Liebe gehegt –
lass die Flamme nicht verlöschen."

DIE STIMME DER STILLE

Der zweite Teil von *„Licht auf dem Pfad"* beginnt mit der folgenden Feststellung:

Aus dem Widerhall der Stille, die der Friede ist, erhebt sich eine Stimme.
Und diese Stimme spricht: Es ist nicht damit getan, dass Du geerntet hast.
Nun musst Du aussäen. Und, da Du erkennst, dass diese Stimme die Stille selbst ist, gehorchst Du.

Diese Stimme, die auf den aus der Stille entstandenen Frieden folgt, ist die Stimme des Geistes, die sich ihren Weg in das Feld des Bewusstseins bahnt. Sie ist nicht so deutlich hörbar wie in Momenten der Erleuchtung, – ist das Ohr doch mit den Vibrationen der niedrigeren Ebenen so gefüllt, dass es die Schwingungen der höheren geistigen Regionen nicht so klar wahrnehmen kann. Und doch ist die Stimme beharrlich und verschafft sich Gehör, wenn man sich ihr zuwendet. Diese Stimme wird dann mit den Gedankenwellen, die den Äther füllen, nicht verwechselt werden, da man im Moment der gedanklichen Verbindung mit der spirituellen Ebene mental gehoben wird und für die niedrigeren Schwingungen nicht so leicht erreichbar ist. Der Mensch lernt bald die klare, pure Stimme des Geistes von den gröberen Gedankenwellen, die auf ihn einwirken, zu unterschieden. Die Stimme des Geistes hat immer eine „aufwärts"-Tendenz und ihr Einfluss ist immer in Richtung der höheren Dinge. Und diese Stimme wird sagen: *„Es ist nicht damit getan, dass Du geerntet hast. Nun musst Du aussäen."* Diese Passage verdeutlicht die Sehnsucht, die den wahren Okkultisten erfasst, wenn er das höhere Bewusstsein erlangt hat, die Wahrheit, die er erfahren hat, in das gegenwärtige Leben hinauszutragen – diesen Gedanken, der zu ihm in der Stille kam, in die Tat umzusetzen und mit der Welt in Verbindung zu bringen. Die Seele mag in der Abgeschiedenheit warten, bis die Wahrheit zu ihr kommt – aber wenn die Wahrheit erst einmal empfangen wurde und im Herzen eingekehrt ist, erfüllt sie die Seele mit göttlicher Unruhe und gebietet ihr, in die Welt hinauszugehen und das Leben des Geistes mit und in Mitten der Menschen zu leben und nicht von ihnen getrennt und entfernt zu bleiben. Der Mensch, zu dem spirituelle Erleuchtung gekommen ist – wenn auch in der leichtesten Form – ist ein verändertes Wesen. Die Gedanken, die von ihm abstrahlen, haben einen anderen Charakter als jene, die in seiner Umgebung ausgesendet werden. Er hat andere Ideale und konsequenterweise daher auch andere Gedanken. Und seine Gedanken haben Einfluss auf den großen Gedankenkörper der Welt. Sie bilden den Sauerteig in der Masse – sie sind wie der Zufluss klaren Wassers in einen trüben Teich, der Schritt für Schritt den gesamten Teich klärt. Seine Gedanken und seine Präsenz sind in der Arbeit der Welt wichtig. Der Spirituelle Geist sendet daher den Impuls, hinauszugehen, das Leben zu leben – mit Frauen und Männern – und nicht getrennt von ihnen. Er spricht zu ihm: *„Du hast geerntet, nun musst Du aussäen."* Und im Erkennen, *„dass diese Stimme die Stille selbst ist",* gehorcht er.

Es gibt drei große Stadien im spirituellen und geistigen Leben der Menschheit. So wie ein Baby vor seiner Geburt durch die physischen Veränderungen, Gestalten und Formen geht, die die Menschheit in langen Evolutionsprozessen durchlaufen hat, so durchläuft auch der erwachsene Mensch die Stadien der mentalen und spirituellen Evolution der Menschheit.

Aber als Individuum durchläuft er nur die Stadien der Evolution, soweit sie auch zu seiner vollständigen Reife führen. Wenn er ein Typ des ersten Stadiums ist, dann wird er auch das erste Stadium erreichen können. Wenn er ein Typ des zweiten Stadiums ist, dann wird er das erste und danach auch das zweite Stadium erreichen können. Und wenn er ein Typ des dritten Stadiums ist, dann geht er durch das erste, dann durch das zweite, so rasch es ihm eben möglich ist, und danach wird er sich in das dritte Stadium entfalten.

Betrachten wir diese drei Stadien genauer. Das erste Stadium ist jenes, in dem der instinktive Geist die Kontrolle hat und der Intellekt noch nicht voll entwickelt ist, um sich zu behaupten und der Spirituelle Geist nur wenig erkennbar ist. In diesem Stadium leben Naturvölker – und Kleinkinder. Jene, die in diesem Bewusstsein leben, haben nur wenig Interesse für das, was über das physische Leben hinausreicht. Ihre Gedanken betreffen hauptsächlich Nahrung, Schutz und die Befriedigung der körperlichen Bedürfnisse. Hier gibt es ein gewisses Gefühl von Freiheit und Demokratie, aber das „ich bin heiliger als du"-Gefühl und auch das „ich bin besser als du"- Gefühl fehlt. Das macht das Leben freier und leichter und auch glücklicher als jenes des nächsten Stadiums. Sie wissen nur wenig oder gar nichts über „Sünde" und sie folgen ihren Neigungen, ohne diese zu hinterfragen. Sie haben eine Form des instinktiven Glaubens an eine höhere Kraft, machen sich darüber aber nicht allzu viele Gedanken und haben nicht das Bedürfnis oder die Vorstellung, dass bestimmte Zeremonien oder Bräuche einen Gott milde stimmen, oder im Gegenzug, deren Nichteinhaltung erzürnen könnte. Sie machen sich um ihre „Erlösung" keine Sorgen, sondern gehen instinktiv davon aus, dass die Macht, die *hier* für sie sorgt, auch *dort* für sie sorgen wird.

Das zweite Stadium beginnt, wenn der Intellekt die Kontrolle übernimmt. Im Menschen erwacht ein Gefühl von „Gut und Böse". Er nimmt ein geheimnisvolles Etwas wahr, das einem höheren Teil seines Geistes entspringt, das ihn mit Scham erfüllt, wenn er selbstsüchtig handelt und ihn ein Gefühl des Friedens erleben lässt, wenn er etwas (vergleichsweise) Selbstloses getan hat. Aber der Intellekt macht hier nicht halt. Er beginnt, „gute" und „schlechte" Dinge zu erfinden. Priester und Propheten treten in Erscheinung und verkünden, dass bestimmte Dinge (meistens das Übergeben von Hab und Gut an den Tempel) „gut" und gottgefällig sind; andere Dinge, (zum Beispiel das Fernbliebenen vom Tempel und die Verweigerung der materiellen Unterstützung für denselben) „schlecht" sind und eine göttliche Bestrafung zur Folge haben. Diese Priester und Propheten erfinden die Himmel nach dem Abbild der Wünsche ihrer Anhänger und kreieren Höllen, die mit allem bestückt sind, was diese Menschen am meisten fürchten. Alles ist in „gut" und „böse" aufgeteilt – die Liste der „bösen" Dinge scheint allerdings etwas länger zu sein. Die meisten der erfreulichen Dinge des Lebens finden sich in der „bösen" Liste wieder, und zwar aus dem einzigen Grund, *weil* sie Freude machen. In der „guten" Liste finden sich daher auch hauptsächlich unangenehme Dinge. Die Idee, die dem zugrunde liegt, ist, dass es Gott gefällt, wenn seine Kinder Dinge tun, die ihnen keine Freude bereiten und sein Zorn erregt wird, wenn sie in die Situation kommen, Freudiges zu erleben. Glaubenslehren und Sekten werden erfunden und harte Strafen werden über jene verhängt, die sich nicht an die Regeln der „guten" und „bösen" Dinge halten. Die Idee scheint zu sein, dass jene, die nicht mit dem Glaubenskonzept übereinstimmen, „gegen Gott" sind oder „Feinde Gottes" sind und dafür von ihm bestraft werden. Menschen neigen dazu,

Gott aus der Pflicht des Bestrafens zu entlassen und diese Bestrafung dann selbst auszuführen. Menschen in diesem Stadium der spirituellen Entwicklung sind gewöhnlich auch sehr eifrig. Sie erklären bestimmte Tage als „heilig" (als ob nicht alle Tage heilige wären) und bestehen darauf, dass manche Plätze heiliger sind als andere. Sie bezeichnen manche Menschen als „auserwählt" und bevorzugt, während der Rest von Gott verachtet wird. Sie beharren darauf, dass nur eine Handvoll Menschen „gerettet" werden wird und dass die Mehrzahl der Kinder Gottes der ewigen Verdammnis anheimfallen wird. Die Hölle ist sehr heiß aus dem Blickwinkel des zweiten Stadiums. Hass, der aus einem Gefühl der Selbstherrlichkeit entspringt, ist das charakteristische Merkmal dieses Stadiums – Sekten formieren sich, Hass und Eifersucht breiten sich unter ihnen aus. Angst regiert und göttliche Liebe ist kaum in Sicht. Die Bruderschaft der Menschen ist nur ein leeres Wort in diesem Stadium – das einzig brüderliche Gefühl, das erkennbar ist, bezieht sich auf die Mitglieder derselben Sekte. Die Außenstehenden sind keine „Brüder", sondern „Heiden", „Ungläubige", „Abtrünnige und Häretiker", etc. Das Gefühl der Einheit allen Seins, das instinktiv im ersten Stadium gefühlt wird (und im dritten sowohl gesehen als auch gefühlt wird), wird offensichtlich im zweiten Stadium weder gesehen noch gefühlt. In diesem Stadium scheint Trennung der Grundtenor zu sein. Indem die Menschheit weiter auf diesem Weg voranschreitet und sich der Intellekt immer mehr entfaltet, bewirken die wachsenden rationalen Fähigkeiten, dass immer mehr Vorurteile abgeworfen und unsinnige Ansichten abgelegt werden, die einst als unantastbar und als die Wahrheit schlechthin angesehen wurden. Hülle um Hülle wird abgeschält und als abgenützt betrachtet und eine Phase des Skeptizismus setzt üblicherweise ein. Die alten Dinge wurden zwar beiseite geworfen, aber noch scheinen sie nicht durch etwas anderes ersetzt worden zu sein. Aber nach dieser Phase scheint der Spirituelle Geist seine gebündelte Konzentration darauf zu richten, in das Feld des Bewusstseins die inneren Zeichen der Wahrheit – der wahren Religion – der Lehren des Geistes zu prägen. Und die Menschen gehen graduell in das dritte Stadium über.

Menschen im dritten Stadium sehen das Gute in jedem – in allen Dingen – in allen Orten. Manche mögen weiter entwickelt sein als andere, aber alle werden als Teil des großen Plans betrachtet. Die entwickelte Seele trennt sich von bestimmten Dingen ohne Wehmut, indem sie diese wie abgenützte Werkzeuge oder zerschlissenen Kleidung einfach abwirft. Aber sie erkennt auch, dass diese Dinge das derzeit Beste zu sein scheinen, was sie momentan besitzen kann, besser als die Dinge, von denen sie sich wiederum bereits getrennt hat. Sie sieht, dass alles Leben auf dem Weg ist – manche ein bisschen weiter vorangeschritten als andere, aber alle in dieselbe Richtung unterwegs. Sie sieht, dass alle ihre Lektionen lernen und von ihren Irrtümern profitieren. Die entwickelte Seele sieht zwar die Manifestationen von „Gut" und „Böse" (im Sinne der relativen Begriffe) in jeder Frau und in jedem Mann, zieht es aber vor, ihren Blick mehr auf das „Gute" im Sünder, als auf das „Böse" im Heiligen zu richten. Ihr Verständnis von „Sünde" ist, dass sie darin Missverständnisse, fehlgeleitete Energie und unentwickelten Geist erkennt. Die Seele im dritten Stadium sieht auch Gutes in allen Formen von Religion – so sehr es ihr gleichzeitig schwer fällt, den darin enthaltenen eng gefassten Glaubenssätzen zu folgen. Sie kann die Verehrung des Höchsten, des Absoluten, in allen Konzepten von Göttlichkeit wiedererkennen, die der menschliche Geist je hervorgebracht hat, angefangen vom steinernen Götzenbild, bis hin zur höchsten Vorstellung von Gott, wie man sie in den verschiedenen „Kirchen" vorfindet – der Unterschied zwischen diesen Konzepten besteht im Wesentlichen nur im spirituellen Entwicklungsgrad der Gläubigen. Der Mensch wächst, und in dem Maße entwickelt sich sein *Konzept* von Gott. Sein Bild von Gott entspricht im Grunde einfach der Vergrößerung seines eigenen Bildes. Den fortgeschrittenen Menschen spricht das Gottesbild des prähistorischen Menschen nicht mehr an, genau so wenig wird ein unzivilisierter Mensch vom Gottesbild eines reifen Menschen angezogen. Jeder von ihnen macht alles, so gut er kann und entwickelt seine Konzepte entsprechend seinem jeweiligen Entwicklungsgrad. Ein Autor hat diesen Gedanken sehr treffend formuliert: „Der Gott des Menschen gleicht dem Menschen in seiner besten Eigenschaft und der Teufel in seiner schlechtesten Eigenschaft." Aber der Teufel verschwindet nach und nach, in dem Maße, wie sich die menschliche Vorstellung von Gott vergrößert. Der Unterschied im Denken des Menschen im dritten Stadium ist sein Wissen um die Einheit allen Seins. Er sieht und fühlt, dass die ganze Welt voller Leben ist und voller Intelligenz, die sich in verschiedenen Graden manifestiert. Er fühlt, dass er selbst Teil dieses großen Lebens ist. Er fühlt seine Gleichheit mit allem Leben. Er fühlt seine Verbindung zur gesamten Natur – in all ihren Formen. In allen Formen des Lebens sieht er auch etwas von sich selbst und er erkennt, dass jede einzelne Form des Lebens auch mit einem Teil in ihm in Verbindung steht. Das bedeutet nicht, dass er wie der Tiger blutrünstig, stolz wie der Pfau, oder so giftig wie die Schlange ist. Aber er fühlt, dass alle diese Eigenschaften noch immer auch in ihm existieren – unter der Meisterschaft seines Höheren Selbst – aber sie sind noch immer da. Und daher kann er mit ihnen fühlen, mit den Tieren genauso wie mit seinen Mitmenschen, bei denen diese animalischen Charaktereigenschaften noch deutlich erkennbar sind. Er zeigt ihnen gegenüber Erbarmen und keinen Hass, unabhängig davon, wie sehr ihm die Haltung seines Bruders unerwünscht oder schmerzhaft erscheinen mag. Und er fühlt sowohl die Merkmale des höheren, als auch des niederen Lebens in sich selbst und erkennt, dass er sich in diese höheren Formen hinein entwickelt, in sie hineinwächst und eines Tages mit ihnen Gleich sein wird. Er fühlt das große Pulsieren des Lebens, dessen Teil er ist – und er fühlt, dass es *sein* Leben ist. Das Gefühl des Getrenntseins entschwindet ihm. Er fühlt die Sicherheit, die dem Bewusstsein über seine Gleichheit mit allem Leben – mit dem lebendigen All – entspringt und kann daher keine Angst mehr aufbringen. Er begegnet dem Heute und dem Morgen ohne Furcht und wandert mit Freude in seinem Herzen direkt auf das Göttliche Abenteuer zu. Er fühlt sich zu Hause, – ist nicht das ganze Universum mit ihm verwandt – ist er nicht unter Seinesgleichen? Solch ein Bewusstsein befreit einen von Angst, von Hass und von Verdammnis. Es lehrt einen, gütig zu sein. Es bringt das Erkennen der Elternschaft Gottes und der Geschwisterlichkeit der Menschen. *Wissen* tritt an die Stelle blinden Glaubens. Es verwandelt den Menschen und stellt ihn als verändertes Wesen an den Beginn einer neuen Etappe seiner Reise. Kein Wunder, dass jemand, der in diesem dritten Stadium angekommen ist, von den Menschen im zweiten Stadium missverstanden wird. Kein Wunder, dass sie ihn für einen Menschen im ersten Stadium halten, kann er doch vieles, was sie als „böse" betrachten, nicht als solches sehen. Kein Wunder, dass sie sich über das, was er als „gut" betrachtet, nur wundern können, wo sie doch darin nichts Gutes sehen können. Er ist wie ein Fremder in einem fremden

Land, der sich nicht beklagen darf, wenn er ungerecht behandelt und missverstanden wird. Aber es gibt immer mehr von diesen Menschen – Jahr für Jahr – ihre Anzahl steigt und steigt, und ist einmal eine ausreichende Anzahl überschritten, geht diese gute alte Erde durch eine friedvolle Revolution. In diesen Tagen wird der Mensch nicht mehr länger damit zufrieden sein, in Luxus zu leben, während sein Bruder darbt – er wird nicht länger fähig sein, Seinesgleichen zu unterdrücken und auszubeuten – er wird nicht mehr dulden, worüber die Mehrzahl der Menschen heute noch ohne jeden Gedanken und ohne Gefühl einfach hinwegsieht. Und warum wird er zu all dem nicht mehr in der Lage sein? Manche mögen sich das fragen. Einfach, weil der Mensch, der dieses neue Bewusstsein erfahren hat, das Gefühl des Getrenntseins verloren hat und er das Leid seines Bruders fühlt – die Freude seines Bruders auch von ihm erlebt wird – er ist mit den anderen in Verbindung. Woher kommt denn das Unbehagen, das Menschen veranlasst, Krankenhäuser oder andere wohltätige Institutionen zu bauen – woher kommt denn das Unwohlsein angesichts des Leidens von anderen? Es kommt vom Spirituellen Geist, der das Gefühl von Nähe zu allem Lebendigen im Menschen zum Erwachen bringt. Als Folge davon wird für ihn das Wissen um den Schmerz des anderen, immer unerträglicher.

Da diese Menschen nun beginnen, zu *fühlen,* und sie sich dadurch immer mehr unwohl fühlen, unternehmen sie schließlich einige Anstrengung, um sich Erleichterung zu verschaffen. Die Welt wird zunehmend gütiger in diesem aufkommenden Bewusstsein, obwohl sie sich, verglichen mit der Zukunft, in der dieses dritte Bewusstseinsstadium mehr verbreitet sein wird, immer noch in einem barbarischen Zustand befindet.

Die heutige Menschheit geht auf einen großen Wandel zu – wir können die Zeichen schon erkennen. Die Brise ist schon fühlbar – bald wird sie stärker und Stürme werden hinwegfegen, wovon der Mensch dachte, er hätte es für die Ewigkeit gebaut. Danach aber wird er Besseres erbauen – Dinge, die überdauern werden. Kannst Du die Zeichen erkennen, – kannst Du die Brise spüren?

Aber bedenke: Dieser Wandel kann niemals durch Hass, Rache oder andere unwerte Motive vollzogen werden – er wird das Resultat einer großen und wachsenden Liebe sein – ein Gefühl, das Menschen darüber Klarheit verschafft, dass sie verwandt sind; dass der Schmerz des Einzelnen der Schmerz von allen ist; dass die Freude des Einzelnen die Freude aller ist – dass alle Eins sind. Dann erst wird das goldene Zeitalter anbrechen.

Es mag scheinen, als wären wir vom Text ein wenig abgewichen, aber das eben Gesagte hat einen direkten Zusammenhang mit der Frage des Säens nach dem Ernten – dem Geben nach dem Empfangen – der Aufnahme neuer Arbeit nach regenerierter Kraft. Die Stimme aus der Stille wird zu jedem von uns sagen:

„Geh hinaus und arbeite in meinem Weingarten – nicht mit Mühsal oder mit dem Versuch, lebende Dinge zum Wachstum zu zwingen – diese Arbeit macht das *Leben* selbst am allerbesten – Du wirst gebraucht wie der Sauerteig, um die Masse zu verwandeln."

An dieser Stelle kommt im Handbuch nun das nächste Gebot:

Da Du nun zum Schüler geworden bist, der aufrecht stehen kann, hören kann, sprechen kann; der seine Begierden gemeistert hat und zur Selbsterkenntnis gelangt ist; da Du nun Deine Seele in ihrer Blüte geschaut und erkannt und die Stimme der Stille gehört hast; – geh Du nun zur Halle des Lernens und lies, was dort für Dich geschrieben steht.

Sehen wir uns gleich den folgenden Absatz an; er ist für das Verständnis sehr hilfreich:

Anmerkung: Aufrecht stehen zu können, bedeutet Zuversicht zu haben; die Fähigkeit des Hörens bedeutet, dass die Türen der Seele geöffnet worden sind; Sehen bedeutet, zur Erkenntnis gelangt zu sein; Sprechen zu können, bedeutet, die Fähigkeit, anderen zu helfen, erlangt zu haben; die Begierden gemeistert zu haben, bedeutet, dass man gelernt hat, sein persönliches Ich sowohl zu nützen, als auch zu beherrschen; Selbsterkenntnis erlangt zu haben, bedeutet, in der innersten Festung Rückzug gefunden zu haben, von wo aus die Persönlichkeit des Menschen unvoreingenommen und vorurteilsfrei betrachtet werden kann. Die Seele in ihrer Blüte gesehen zu haben, bedeutet, einen kurzen Eindruck von der Verklärung, die Dich schließlich über das Menschsein hinaus verwandeln wird, bekommen zu haben. Die Blüte zu erkennen, bedeutet, der großen Anforderung gewachsen zu sein, den Blick auf das gleißende Licht zu richten, ohne die Augen abzuwenden und nicht, wie vor einem Spuk, in Angst und Schrecken zu verfallen.

All das hat sich für manche ereignet; – doch kaum, dass der Sieg errungen wurde, ist er schon wieder verloren. Die Stimme der Stille zu hören, bedeutet, zu verstehen, dass die einzige wahre Führung im Leben aus dem Innersten kommt; zur Halle des Lernens zu gehen, bedeutet, in das Stadium einzutreten, in dem Lernen möglich wird. – Dann werden viele Worte in flammenden Lettern für Dich geschrieben stehen und Du wirst sie mühelos entziffern. Denn wenn der Schüler bereit ist, ist auch der Meister bereit.

Der Schüler wird als jemand bezeichnet, der stehen, hören, sehen und sprechen kann. Das Bewusstsein des Wahren Selbst befähigt ihn, fest auf seinen Füßen zu stehen – die Erhabenheit des Selbst zu fühlen. Es befähigt ihn, die Wahrheit, die über tausende Wege des Lebens in ihn hineinfließt, zu hören, – sie alle berufen sich auf ihre Verwandtschaft zu ihm, – stets darum bemüht, ihm Wissen und Wahrheit zu vermitteln. Dieses Bewusstsein verleiht ihm die Fähigkeit, das Leben zu sehen, wie es ist, in all seinen vielfältigen Formen, – seine eigene Relation zum Ganzen und zu all seinen Teilen zu sehen und die Wahrheit im Augenblick, wo sie sich ihm offenbart, zu erkennen. – Er sieht mit den Augen des Spirituellen Geistes. Durch seine Worte kann er andere erreichen, auch wenn sich andere dessen gar nicht bewusst sind – denn er ist im Besitz des Friedens, der jedes Verstehen übersteigt – sein innerer Zustand kommt in seiner Alltagssprache zum Ausdruck – er fügt dem spirituellen Wissen der Welt einen kleinen Teil hinzu. Der Schüler, der sein Verlangen gemeistert hat, das heißt, dass er es als das erkannt hat, was es ist und dass er zur Selbsterkenntnis gelangt ist, – jener Schüler, der seine Seele in ihrer Blüte gesehen und erkannt hat und die Stimme der Stille vernommen hat – wird in dieser Textstelle des Handbuchs dazu aufgefordert, weiterzugehen bis zur Halle des Lernens und zu lesen, was dort für ihn geschrieben steht.
Die anschließende Bemerkung wirft ein zusätzliches Licht auf die Bedeutung dieser Worte. Besonders die Beschreibung des Sehens der *„Seele in ihrer Blüte"* ist in Bezug auf das vorangegangene Kapitel interessant, wo es um Erleuchtung ging – um das Erwachen des Spirituellen Bewusstseins und um die Blüte, die in der Stille nach dem Sturm erblüht.

Die treffende Beschreibung der Autorin lautet hier: *„Die Seele in ihrer Blüte gesehen zu haben, bedeutet, einen kurzen Eindruck von der Verklärung, die Dich schließlich über das Menschsein hinaus verwandeln wird, bekommen zu haben. Die Blüte zu erkennen, bedeutet, der großen Anforderung gewachsen zu sein, den Blick auf das gleißende Licht zu richten, ohne die Augen abzuwenden und nicht, wie vor einem Spuk, in Angst und Schrecken zu verfallen."* Und wieder sind die Worte wohl gewählt, wenn sie anschließend schreibt: *„All das hat sich für manche ereignet; – doch kaum, dass der Sieg errungen wurde, ist er schon wieder verloren."*

Aber vielleicht hätte man noch hinzufügen können, dass dieser Verlust nur ein vorübergehender ist. Die Erinnerung bleibt bestehen und die Seele wird solange nicht ruhen, bis sie das Verlorene wiedergefunden haben wird. Manche, die diese Augenblicke des Anblicks ihrer Seele erlebt haben, weichen vor Angst zurück und halten das Erlebte für eine Sinnestäuschung oder für eine „Heimsuchung". Dieses Erlebnis kann das bisherige Gedankengefüge derart erschüttern, dass in manchen Fällen Menschen nach so einem Erlebnis fürchten, vom rechten Weg abgekommen zu sein und an ihrer Tugendhaftigkeit ernsthaft zu zweifeln beginnen. Sie spüren, dass sie nicht mehr in der Lage sind, „Böses" in der von ihnen gewohnten Weise zu verdammen und bekommen Angst, „schlecht" zu werden und sie gehen, soweit es ihnen möglich ist, zu diesem Bewusstsein wieder auf Distanz. Sie übersehen dabei, dass sie, obwohl sie vielleicht „böse" Dinge nun weniger verabscheuen, die „guten" Dinge mehr denn je zu lieben im Stande sind – genauer gesagt, die Dinge, die im Lichte des Spirituellen Geistes als gut erkannt werden; nicht die künstlichen und gemachten „guten" Dinge, die von der Mehrheit der Menschen als solche erachtet werden.

Diese ergänzenden Anmerkungen besagen weiters: *„Die Stimme der Stille zu hören, bedeutet, zu verstehen, dass die einzige wahre Führung im Leben aus dem Innersten kommt."* Verinnerliche diese Worte – sie sind Goldes wert: *„Begreife, dass aus dem Inneren die einzig wahre Führung kommt."*

Wenn Du die Bedeutung dieser Worte wirklich erfassen kannst – und auch den Mut und das Vertrauen hast, sie zu glauben, dann hast Du die allerbesten Voraussetzungen für Deine Reise auf dem Pfad. Wenn Du dieser kleinen Stimme in Dir immer treu bleibst, wird Dein Bedarf an Lehrern und Predigern sehr gering sein. Und wenn wir dieser kleinen Stimme auch vertrauen, wird ihr Klang zunehmend deutlicher und voller und wir werden sie bei vielen Gelegenheiten hören können. Wenn wir ihr gegenüber aber die Ohren verschießen und ihrer Führung und Warnung keinerlei Beachtung schenken, wird sie immer schwächer und schwächer, bis ihre Stimme im Lärm der materiellen Welt untergeht und nicht mehr wahrnehmbar ist.

Die Halle des Lernens ist das Bewusstseinsstadium, das eintritt, wenn der Spirituelle Geist ungehindert und frei in den Intellekt einfließen kann. Schritt für Schritt werden dem Schüler Wahrheiten vermittelt, und zwar in so kleinen Dosen und so oft, dass er seine eigene Entwicklung kaum wahrnimmt – und doch ist er in einem stetigen Fortschritts- und Entfaltungsprozess.

Die nächsten vier Regeln sind äußerst wichtig. Obwohl sie sich an bereits ziemlich fortgeschrittene Studenten richten, wird doch vieles davon auch von jenen, die noch nicht so weit gekommen sind, verstanden werden. Wir werden versuchen, diese schwierigen Textpassagen etwas verständlicher zu machen.

1. Steh abseits während der Schlacht, die kommen wird; und obwohl Du kämpfst, sei nicht Du der Krieger.

2. Finde den Krieger in Dir und lass ihn in Dir kämpfen.

3. Nimm seine Anweisungen entgegen und befolge sie.

4. Gehorche ihm, nicht wie einem General, sondern, als ob er Du selbst wäre und als wären seine Worte der Ausdruck Deines geheimsten Sehnens, denn er ist Du, obgleich unendlich weiser und stärker als Du.

Halte Ausschau nach ihm, finde ihn, denn sonst wirst Du ihn in der Hitze des Gefechts übersehen; und er wird Dich nicht erkennen, solange Du ihn nicht erkennst. Wenn Dein Flehen sein Ohr erreicht, dann wird er in Dir kämpfen und die öde Leere erfüllen. Und wenn das stattfindet, kannst Du völlig ruhig und unbeschwert durch die Schlacht hindurchgehen, denn er kämpft an Deiner Stelle. Dann wird es undenkbar sein, auch nur einen Treffer zu verfehlen, doch wenn Du ihn nicht findest, ihn übersiehst, dann gibt es für Dich keine Sicherheit. Dein Verstand wird rotieren, Dein Herz wird verunsichert sein und im aufgewirbelten Staub des Kampfgeschehens wirst Du Dich nicht auf Deine Sinne verlassen können und nicht in der Lage sein, Freund von Feind zu unterschieden.

Er ist Du; und obwohl Du endlich und fehlbar bist, ist er ewig und unfehlbar. Er ist ewige Wahrheit. Wenn er einmal in Dir Einzug gehalten hat und zu Deinem Krieger geworden ist, wird er Dich niemals im Stich lassen und am Tage des großen Friedens wird er mit Dir eins werden.

Diese vier Regeln beziehen sich auf das Erkennen des Höheren Selbst – auf den Spirituellen Geist – der in jeder Seele wohnt und permanent (sobald die Zeit reif ist) darum kämpft, jede einengende Schicht des niederen Selbst abzuwerfen, die ihn beengt und behindert. Diese Anweisungen richten eine Bitte an die Seele, in ihrem Inneren nach der Quelle ihrer wahren Stärke Ausschau zu halten – um von ihr geführt zu werden – um vom Spirituellen Geist geführt zu werden.

Sobald sich jemand in ausreichendem Maß von den Beschränkungen und einengenden Bindungen des niederen Selbst befreit hat und dem Spirituellen Geist ermöglicht, völlig frei und mit einem Minimum an Widerstand Gestalt in ihm anzunehmen, dann agiert der Spirituelle Geist durch ihn, er arbeitet für ihn und er führt ihn.

Auch die Seele, die noch nicht in diesem Stadium ist, mag größte Unterstützung dadurch gewinnen, indem sie sich dem Einströmen des Göttlichen Prinzips öffnet und ihm erlaubt, durch sie zu wirken. Der Mensch, der vom Geist geleitet wird – die Existenz des Wahren Selbst erkennt und anerkennt und Ihm vertraut – vermag großteils unberührt vom Tumult und vom Kampf der äußeren Welt zu leben. Nicht in dem Sinn, dass er sich einfach der Welt entzieht (das geschieht oft nur aus Feigheit), sondern in dem er in der Lage ist, seinen Platz im großen Spiel des Lebens einzunehmen, seine Arbeit zu tun, sie gut zu tun und doch in der Gewissheit zu leben, dass er zwar *in* der Welt, aber nicht *von* der Welt ist.

Er ist, so gesehen, in der Lage, abseits zu stehen und seine eigenen Handlungen zu beobachten. Der Spirituelle Geist führt ihn durch den Kampf und er erfährt, wie beschützt und umsorgt er ist und dass seine Handlungen immer seinem *ultimativen* Wohl dienen. Diese Führung bringt ihn genau dorthin, wo es für ihn gut und wichtig ist und zieht das zu ihm heran, was er braucht. Angst und Ungläubigkeit sind die größten Hindernisse für dieses freie Spiel des Geistes. Solange diese Hindernisse nicht beseitigt werden, wird der Spirituelle Geist in seiner Arbeit gehindert und gehemmt. Aber wenn sie einmal abgeworfen wurden, kann der Geist frei arbeiten.

Die erste Regel: – *„Steh abseits während der Schlacht, die kommen wird; und obwohl Du kämpfst, sei nicht Du der Krieger."* – drückt diese Wahrheit präzise aus. Beachte, dass diese Regel Dich nicht dazu auffordert, vor dem Kampf davonzulaufen oder Dich zu verstecken oder zurückzuziehen. Ganz im Gegenteil, hier wird ausdrücklich davon ausgegangen, dass Du kämpfen wirst. Aber hier kommt nun der Rat, *„abseits zu stehen"* (dieses „Abseits-Stehen" ist in Deinem jetzigen Bewusstseinszustand die entsprechende Anweisung) und das wahre Selbst *durch* Dich und *für* Dich kämpfen zu lassen. Das heißt, dass Du dem Spirituellen Geist erlaubst, Dich zu führen und dass Du dieser Führung auch folgst.

Die zweite Regel ist der ersten ähnlich. Sie besagt: *„Finde den Krieger in Dir und lass ihn in Dir kämpfen."* Finde ihn, glaube an ihn; erkenne ihn – und lass ihn für Dich kämpfen.

„Nimm seine Anweisungen entgegen und befolge sie." – wird weiters im dritten Satz gefordert. Wenn er Dich nun in eine speziell exponierte Position stellt, wo die Angriffe der Gegner auf Dich konzentriert einwirken und Dein Rückzug nahezu völlig abgeschnitten ist, scheue Dich trotzdem nicht, seinen Anweisungen bedingungslos zu folgen, denn hinter all dem steht ein Plan, der Dir letztlich zum Sieg verhilft. Hinterfrage weder die Anweisungen noch ihr mögliches Ergebnis, denn sie kommen von einer Deinem Bewusstsein höher stehenden Intelligenz und haben ein ganz bestimmtes (und gutes) Ziel. Das Spirituell-Geistige setzt alles für Deine Entwicklung in Bewegung und Du wirst, obwohl Dir vorübergehend Schmerz und Leiden begegnen werden, am Ende siegen. Und wenn Du erst einmal den Sinn von all dem begriffen haben wirst, werden Leiden und Schmerz Dich nicht mehr berühren, so wie andere; dann wirst Du sie als vorübergehend, flüchtig und

irreal erkennen. Dein Wissen darüber, welcher Sinn hinter dem Leid steht und welche größeren Dinge dadurch zu Dir kommen werden, macht Dich für diesen Schmerz unempfindlich.

Der vierte Satz sagt weiter: *„Gehorche ihm, nicht wie einem General, sondern, als ob er Du selbst wäre und als wären seine Worte der Ausdruck Deines geheimsten Sehnens, denn er ist Du, obgleich unendlich weiser und stärker als Du."*

Diese Ermahnung dient als Warnung vor dem Missverständnis, den Spirituellen Geist als etwas zu betrachten, das außerhalb von uns existiert – als etwas von uns Getrenntes; sie dient als Erinnerung daran, dass es sich hier um unser *wahres* Selbst handelt – um *uns* selbst. Weiser und stärker als unsere momentane Vorstellung und unser derzeitiges Bewusstsein von uns selbst ist der Spirituelle Geist – ihm müssen wir bedingungslos vertrauen.

„Halte Ausschau nach ihm, finde ihn, denn sonst wirst Du ihn in der Hitze des Gefechts übersehen; und er wird Dich nicht erkennen, solange Du ihn nicht erkennst..." geht es in diesem Absatz weiter – und auch diese Warnung sollte beachtet werden. In der Hitze des Gefechts sind wir geneigt, zu vergessen, dass das Wahre Selbst in uns am Werk ist, und wir erliegen in unserem Eifer und unserer Erfolgsbesessenheit der Vorstellung, dass *wir* es sind (unser bewusstes Selbst), das all die Arbeit macht und vergessen darauf, den Blick in die Richtung des Spirituellen Geistes zu lenken und verschließen uns somit diesem Kommunikationskanal. *„...und er wird Dich nicht erkennen, solange Du ihn nicht erkennst."* Solange die Präsenz des Spirituellen Geistes in Dir nicht wahrgenommen wurde, kann er nicht so frei durch Dich wirken, wie es sonst der Fall wäre. Solange Du seine Existenz nicht anerkennst, kannst Du auch keine Antwort von ihm erwarten. Die Führung durch den Spirituellen Geist wird für jene möglich, die sich

danach sehnen und danach suchen.

„Wenn Dein Flehen sein Ohr erreicht, dann wird er in Dir kämpfen und die öde Leere erfüllen." Nimm das Versprechen und die Feststellung ernst, dass der Spirituelle Geist zuhört – Deinen Hilfeschrei immer hört. Wenn Du niedergeschlagen und mutlos bist – ausgezehrt und des Kämpfens müde – durch Gefechte verwundet und blutend – dann richte Deinen Hilferuf an den Spirituellen Geist und ein hörendes Ohr wird ihn wahrnehmen und „in Dir kämpfen und die öde Leere erfüllen." Jemand, der sich selbst dem Spirituellen Geist gegenüber öffnet, erlebt die „öde Leere im Inneren", die ihn solange bedrückt hatte, nicht mehr. *„Und wenn das stattfindet, kannst Du völlig ruhig und unbeschwert durch die Schlacht hindurchgehen, denn er kämpft an Deiner Stelle."* Du wirst ein Gefühl ruhiger Gelassenheit erfahren, da Du weißt, dass Dein Krieger unbezwingbar und der Sieg am Ende Dein sein wird. Derjenige, der sich des spirituellen Wirkens durch ihn bewusst ist, hat wahrlich den Frieden gefunden – „den Frieden, der jedes Verstehen übersteigt".

„Dann wir es undenkbar sein, auch nur einen Treffer zu verfehlen." Tatsächlich ist es so, denn jede Handlung, jede Bewegung ist dann eine Bewegung des Spirituellen Geistes und so kann sie weder falsch sein, noch ihr Ziel verfehlen. Egal, wie unbedeutend oder unverständlich eine Handlung oder Bewegung unserem momentanen Bewusstsein erscheinen mag, wird sie doch im Nachhinein als – unter den gegebenen Umständen – bestmöglich, erkannt werden.

„Wenn Du ihn aber nicht findest, ihn übersiehst, dann gibt es für Dich keine Sicherheit. Dein Verstand wird rotieren, Dein Herz wird verunsichert sein und im aufgewirbelten Staub des Kampfgeschehens wirst du Dich nicht auf Deine Sinne verlassen können und nicht in der Lage sein, Freund von Feind

zu unterschieden." Entspricht das nicht den Erfahrungen von uns allen, bevor wir die Führung und das Vertrauen in den Spirituellen Geist realisiert hatten? Sind wir nicht alle durch diese Phasen des Schmerzes und der Trauer gegangen, weil wir kein Licht und keine Hoffnung sahen? Oft haben wir laut um Hilfe gerufen, nach dem Sinn von all dem gefragt – wollten wissen, was der Wahrheit entsprach, was richtig und was falsch war. Doch die Antwort blieb aus, solange, bis wir endlich die Beschränkungen und Fesseln des niederen Selbst abgeworfen und dem Spirituellen Geist erlaubt haben, in unsere Seelen einzuströmen.

„Er ist Du; und obwohl Du endlich und fehlbar bist, ist er ewig und unfehlbar. Er ist ewige Wahrheit."
Hier wird die Unterscheidung zwischen dem niedrigeren und vergänglichen Bewusstsein von einem selbst und der Realität deutlich gemacht. Das Paradoxon von selbst und Selbst wird Dir hier vor Augen geführt. Denke gut darüber nach und die Wahrheit wird schrittweise zu Dir kommen – und wenn sie Dich erreicht hat, wird sie Dich nie wieder verlassen, egal wie schwach sie manchmal erschienen mag.

„Wenn er einmal in Dir Einzug gehalten hat und zu Deinem Krieger geworden ist, wird er Dich niemals im Stich lassen." Ein wundervolles Versprechen. Das Wissen um die Existenz des Spirituellen Geistes in Deinem Inneren kann, wenn es einmal erlangt wurde, Dir nie wieder gänzlich verloren gehen. Selbst wenn Du wieder ins Zweifeln kommst, aus dem einfachen Grund, weil dieses Wissen nicht über Deine gewöhnlichen Sinne zu Dir kam, so bleibt es doch in Deiner Erinnerung anhaltend präsent und in dem Moment, wenn es am dringlichsten gebraucht werden wird, wirst Du es wachrufen und Dich wieder dem Einfluss der göttlichen Weisheit und Kraft öffnen können.

„Und am Tage des großen Friedens wird er mit Dir eins werden." In der Zeit, wenn Schicht um Schicht einmal abgeworfen wurde und die Blume des Geistes ihre volle Blüte entfaltet – wenn der Mensch mehr sein wird, als nur Mensch, wird das Bewusstsein des Individuums mit dem „Wissen" des Spirituellen Geistes verschmelzen und die Seele wird eins werden mit dem höchsten Prinzip. Individualität wird dabei nicht vergehen, im Gegenteil, es wird zu einer Vergrößerung von Individualität und Bewusstsein kommen, in einem Ausmaß, das selbst für den größten Geist unserer Tage kaum vorstellbar ist. Dann wird all das große Wissen, werden die Kraft und die Freude, die wir während des Aufflackerns unserer Erleuchtungsmomente bereits im Ansatz erfahren durften, für uns zum dauerhaften Bewusstsein. Dann werden wir vom Bereich des Relativen in die Region des Absoluten eintreten.

Wir kommen nun zu einer weiteren Gruppe von vier Regeln. Betrachten wir sie näher.

5. Höre das Lied des Lebens.

6. Behalte das Lied, das Du hörst, in Deiner Erinnerung.

7. Von diesem Lied lerne, was Harmonie bedeutet.

8. Du kannst nun aufrecht stehen, wie ein Fels in der Brandung, dem Krieger gehorchend, der sowohl Du, als auch Dein König ist. Unberührt vom Kampfgeschehen, einzig und allein seinen Geboten folgend, kümmert Dich nichts mehr, außer der Ausgang der Schlacht – denn der kommende Sieg des Kriegers ist zum einzig Wichtigen geworden.

Da Du weißt, dass er nicht verlieren kann – bleibst Du aufrecht, ruhig und wach und gebrauchst Deine Fähigkeit des Hörens, die Du erworben hast, als Du durch den Schmerz

gegangen bist. Nur Fragmente des großen Liedes dringen an Dein Ohr, solange Du einfach ein Mensch bist.
So höre gut hin und verinnerliche alles vertrauensvoll, so dass nichts, was an Dein Ohr dringt, verloren geht und lerne dadurch, die Bedeutung des großen Mysteriums, das Dich umgibt, zu verstehen.
Bald wirst Du keinen Lehrer mehr brauchen. Denn so wie das Individuum eine Stimme hat, so hat auch das, worin es lebt und existiert eine Stimme. Das Leben selbst hat eine Sprache und ist niemals still. Und es äußert sich nicht, wie Du, da Du noch taub bist, glauben könntest, mit einem Schrei; – nein, es ist ein Lied. Lerne von diesem Lied, dass Du Teil der Harmonie bist. Lerne von ihm, den Gesetzen der Harmonie zu folgen.

„Höre das Lied des Lebens.“
die folgende Ergänzung zu diesem fünften Satz ist so wunderschön, so voller Wahrheit, so lehrreich, dass wir ihr nichts hinzuzufügen haben.

Anmerkung: Suche es, höre ihm zu, zuerst in Deinem eigenen Herzen. Anfangs magst Du vielleicht sagen, es ist nicht hier – ich finde nur Dissonanz. Suche tiefer. Wenn Du wieder enttäuscht wirst, mach eine Pause und suche erneut tiefer. Es gibt eine natürliche Melodie, eine geheime Quelle in jedem Herzen. Sie mag vielleicht verdeckt oder völlig verschüttet und verstummt sein – aber sie ist da. Am tiefsten Grund Deiner Natur wirst Du Vertrauen finden, Hoffnung und Liebe. Derjenige, der das Böse wählt, weigert sich, in sich hineinzuhorchen und verschließt seine Ohren für die Melodie seines Herzens und macht sich blind für das Licht seiner Seele. Er macht das, weil er es einfacher findet, in seinen Wünschen zu leben. Doch am Grunde jedes Lebens gibt es einen starken

Strom, der niemals aufgehalten werden kann. Die großen
Flüsse sind Realität. Finde sie und Du wirst feststellen, dass
niemand, nicht einmal das erbärmlichste Geschöpf, davon
ausgenommen ist; egal, wie blind es gegenüber dieser
Tatsache sein mag und wie furcherregend und geisterhaft
seine Gestalt sein mag. In diesem Sinne sage ich Euch: All die
Wesen, in deren Gegenwart Du Dich vorwärts kämpfst, sind
göttliche Fragmente. Die Illusion, in der Du lebst, ist so voller
Täuschungen, dass es kaum vorhersehbar ist, wo Du erstmals
im Herzen eines anderen die süße Stimme entdecken wirst.
Aber wisse, dass sie mit Sicherheit in Dir zu finden ist. Suche
sie, und wenn Du sie einmal in Dir gehört hast, dann wirst Du
sie auch leichter in Deiner Umgebung wahrnehmen können.

Die sechste Regel besagt:
„Behalte das Lied, das Du hörst, in Deiner Erinnerung."
Und in der siebenten heißt es weiter:
„Von diesem Lied lerne, was Harmonie bedeutet."
Die beiden Sätze beziehen sich auf die fünfte Regel und
bedürfen keiner weiteren Erklärung.
Die achte Regel ist sehr gehaltvoll. Sie beginnt mit der
Vergewisserung, dass Du (da Du nun offen für die Führung
durch den Spirituellen Geist bist) aufrecht stehen kannst, stark
wie der Fels in der Brandung bist und dass Du dem Krieger
(Spirituellen Geist) gehorchst, der als „Du selbst und Dein
König" bezeichnet wird (hier wieder der Hinweis auf die
relative und absolute Beziehung).
Weiter heißt es: *„Unberührt vom Kampfgeschehen, einzig und*
allein seinen Geboten folgend, kümmert Dich nichts mehr,
außer der Ausgang der Schlacht." Das bedeutet, dass Du Dich
nicht um das momentane Ergebnis sorgst, – um die
vorübergehenden Gefechte, Schmerzen und schwierigen

Umstände – denn *„der kommende Sieg des Kriegers ist zum einzig Wichtigen geworden."* Und er *kann* nur gewinnen, da er unbesiegbar ist. Von der Seele wird dann gesagt, dass sie „ruhig und wach aufrecht steht" und dass sie die Fähigkeit zu Hören einsetzt, die sie durch den Schmerz und die Auslöschung des Schmerzes erworben hat.

Das Paradoxon „Schmerz und Auslöschung des Schmerzes" ist interessant. Man lernt notwendigerweise durch Schmerz – viele Lektionen sind auf anderen Wegen gar nicht zu lernen – und doch ist es so, dass in dem Augenblick, in dem die wahre Natur des Schmerzes erkannt und verstanden worden ist, Schmerz nicht länger *Schmerz* ist – der Schmerz ist ausgelöscht – eine weitere Lektion wurde gelernt. Deshalb kommt die Stimme des Spirituellen Geistes – das Lied des Lebens – zum Hörenden, der sowohl durch Schmerz, als auch durch die Auslöschung des Schmerzes erweckt worden ist.

„Nur Fragmente des großen Liedes dringen an Dein Ohr, solange Du einfach ein Mensch bist." Denn wenn einst die ganze Fülle göttlicher Musik für Dich hörbar wird, dann bist Du nicht länger Mensch. Du bist dann ein Wesen, das in der Skala der spirituellen Evolution des Lebens weit vorangeschritten ist. Dennoch sind bereits die Fragmente dieser Musik so weit über jede andere menschliche Erfahrung hinausreichend, dass es sich allein für das Hören dieses bloßen Echos lohnt, zu leben. Weiters wird gesagt:

„So höre gut hin und verinnerliche alles vertrauensvoll, so dass nichts, was an Dein Ohr dringt, verloren geht und lerne dadurch, die Bedeutung des großen Mysteriums, das Dich umgibt, zu verstehen."

Die Stimme des Spirituellen Geistes wird auf Deine Ohren derartig einwirken, sodass in Deinem Bewusstsein, trotz der Interferenzen aus der materiellen Welt, immer wieder

Erkenntnisse Gestalt annehmen werden, die aus einer anderen Welt zu kommen scheinen. Die großen Fragen der Existenz werden zunehmend be- und erleuchtet, Schleier um Schleier wird entfernt werden.

In den nächsten Zeilen kommt gleich eine weitere frohe Botschaft:

„Bald wirst Du keinen Lehrer mehr brauchen. Denn so wie das Individuum eine Stimme hat, so hat auch das, worin es lebt und existiert, eine Stimme. Das Leben selbst hat eine Sprache und ist niemals still. Und es äußert sich nicht, wie Du, da Du noch taub bist, glauben könntest, mit einem Schrei; – nein, es ist ein Lied. Lerne von diesem Lied, dass Du Teil der Harmonie bist. Lerne von ihm, den Gesetzen der Harmonie zu folgen."

Zu gegebener Zeit wirst Du über die Notwendigkeit eines Lehrers hinausgewachsen sein, da der Spirituelle Geist selbst, jedes Objekt, auf das Dein Blick fällt, erleuchten wird und Deine Ohren, die vom Geiste geöffnet wurden, in der Lage sein werden, die Lehren, die jedes Objekt in der Natur vermittelt, zu hören und zu verstehen. Im Stein; in der Pflanze; im Berg; im Sturm; in den Sternen; in *allen* Dingen, – wirst Du das Leben, wovon Du ein Teil bist, in seinem Pulsieren und seiner Intelligenz wahrnehmen können. – Und Du wirst die Töne des großen Liedes des Lebens hören: „Alles ist Eins; Alles ist Eins."

Wie uns dieser Absatz mitteilt, ist der Klang der Natur und der Dinge in der Natur kein Schrei, wie viele vermuten, sondern ein großes, triumphierendes Lied – ein Lied, das sich am Lebensstrom des Sängers erfreut und mit dem Absoluten in Übereinstimmung schwingt.

„Lerne von diesem Lied, dass Du Teil der Harmonie bist. Lerne von ihm, den Gesetzen der Harmonie zu folgen."

In der nächsten Gruppe wird der Gedanke fortgeführt:

9.Betrachte das Leben um Dich herum mit ernsthafter Aufmerksamkeit.
10. Lerne, mit Verständnis in die Herzen der Menschen zu blicken.
11. Am meisten aber blicke in Dein eigenes Herz.
12. Denn nur durch Dein eigenes Herz hindurch kann das eine Licht, das alles Lebendige erleuchtet und Dich zum Sehenden werden lässt, kommen.
Erforsche die Herzen der Menschen, damit Du verstehst, wie diese Welt, in der Du lebst und deren Teil Du willentlich bist, beschaffen ist. Betrachte das Leben, das Dich umgibt, in seiner ständigen Bewegung und Veränderung, denn es wird von den Herzen der Menschen geformt; indem Du lernst, in den Herzen der Menschen zu lesen und erkennst, was sie sind und was sie bewegt, wird sich Dir das große Buch des Lebens mehr und mehr erschließen.

Der neunte Satz: *„Betrachte das Leben um Dich herum mit ernsthafter Aufmerksamkeit",* bezieht sich auf etwas, worauf bereits im vorigen Absatz hingewiesen wurde. – Es ist das Wissen, das kommt, indem wir die Natur mit dem Blick des Spirituellen Geistes betrachten.
Der zehnte Satz, der uns rät: *„Lerne, mit Verständnis in die Herzen der Menschen zu blicken",* zeigt uns, wodurch wir befähigt werden, die Welt der Menschen zu verstehen – eine Welt, die einen Teil einer noch größeren Welt darstellt. Im Erkennen der Menschen wirst Du fähig, ihnen zu helfen und gleichermaßen viele Lehren für Deine eigene Reise entlang des Weges zu erhalten, die für Dich hilfreich sind.

Aber beachte, was in der folgenden Anmerkung über das Studium des Menschen geschrieben steht:

Anmerkung: Nimm einen unpersönlichen Standpunkt ein, sonst ist Deine Sicht gefärbt. Daher muss zuerst verstanden werden, was Unpersönlichkeit bedeutet. Einsicht ist unparteiisch; kein Mensch ist Dein Feind, keiner Dein Freund. Alle sind Deine Lehrer. Dein Feind wird zu einem Rätsel, das gelöst werden muss, auch wenn es Jahrhunderte dauert; denn der Mensch muss verstanden werden. Dein Freund wird ein Teil Deiner selbst, eine Erweiterung von Dir, ein Rätsel – schwer zu lösen. Nur eines ist noch schwieriger zu verstehen – es ist Dein eigenes Herz.
Erst wenn die Bindungen der Persönlichkeit gelöst wurden, kann ihr Geheimnis enthüllt werden. Erst wenn Du abseits stehst, wird sie sich Dir in jeglicher Art und Weise zu erkennen geben, nicht vorher. Dann, und erst dann, wirst Du sie begreifen und lenken können. Dann, und erst dann, kannst Du all die ihr innewohnende Macht verwenden und diese Macht in einen wertvollen Dienst stellen.

Das elfte Prinzip spricht davon, dass Du „*am meisten in Dein eigenes Herz blicken sollst*" und das zwölfte schließt daran an: „*Denn nur durch Dein eigenes Herz hindurch kann das eine Licht, das alles Lebendige erleuchtet und Dich zum Sehenden werden lässt, kommen.*" In Deiner eigenen Natur ist all das zu finden, was auch in der Natur von anderen Menschen zu finden ist. Hohes und Niederes – Reines und Unreines – es ist alles vorhanden, auch wenn vielleicht das Unreine bereits abgelegt und das Reine gelebt wird, – es ist alles da. Wenn Du also die Menschen begreifen willst, – ihre Motive, ihre Taten, ihre Gedanken, – dann schau in Dich selbst hinein und Du wirst andere besser verstehen. Aber identifiziere Dich nicht mit allen Gedanken, die Du in Deinem Herzen vorfindest. Betrachte sie, wie Du sie als Außenstehender betrachten würdest, wie Dinge in einem Museum – interessant, um sie zu studieren, aber nicht dafür da, sie zum Bestandteil des eigenen Lebens werden zu lassen. Und bedenke, dass *keines* der Dinge in Deinem Herzen gut genug ist, um Dich zu *benützen* oder zu beherrschen. *Du* bist der Meister und nicht der Beherrschte – dann, wenn Du eine erlöste Seele bist.

Der dreizehnte Satz besagt:
Sprache kommt nur durch Wissen. Erlange das Wissen und Du wirst lernen zu sprechen.
Durch die anschließende Notiz, wird dieser Satz (teilweise) erklärt. Wir veröffentlichen ihn daher ebenfalls:
Anmerkung: Es ist unmöglich, anderen zu helfen, bevor Du ein gewisses Maß an Gewissheit, Dich selbst betreffend, erlangt hast. Wenn Du die ersten einundzwanzig Lektionen gelernt hast; wenn Du mit Deinen erweckten Kräften und befreitem Verstand in die Halle des Lernens eingetreten bist, wirst Du in Dir eine Quelle finden, aus der sich Sprache erhebt.

Sei nicht besorgt, solltest Du aufgerufen sein, Worte des Trosts und der Weisheit zu anderen zu sprechen. Du musst Dich nicht vorbereiten. Die betreffende Person wird (durch die Führung des Spirituellen Geistes) genau die Worte aus Dir hervorbringen, die für sie oder ihn am besten sein werden. Fürchte Dich nicht – habe Vertrauen.
Wir müssen nun zu einem Ende kommen. Wir haben uns bemüht, die wundervollen Lehren aus diesem kleinen Handbuch „Licht auf dem Pfad" zumindest teilweise zu

erklären, damit diejenigen, die am Beginn der Reise stehen, einen Anknüpfungspunkt an diese Lehre finden können, der es ihnen in der Folge ermöglicht, einen für sie passenden Zugang zu entwickeln. Je weiter wir im Text voranschritten, umso schwieriger wurde die Aufgabe und umso weniger befriedigend das Ergebnis. Worte sind endlich – Wahrheit ist unendlich – und es ist schwer, unendliche Wahrheit auch nur ansatzweise in endlichen Worten verständlich zu machen. Diese dreizehnte Regel ist daher die letzte, die wir dieser Betrachtung unterziehen. Die verbleibenden Absätze müssen alleine vom Studenten gelesen werden, im Lichte des Spirituellen Geistes. Sie sind nur für jene geschrieben, die bereits die spirituelle Sicht erlangt haben und werden daher, je nach Entwicklungsgrad des einzelnen Individuums, mehr oder weniger klar verstanden werden.

Wir haben das Gefühl, unsere Aufgabe nur spärlich ausgeführt zu haben, obwohl uns viele geschrieben haben, dass ihnen diese Lektionen ihre spirituellen Augen geöffnet haben und dadurch manches klar wurde, was davor noch völlig unverständlich schien. Wir vertrauen darauf, dass es so ist und dass nun auf diesem Wege mehr Menschen Hilfe und Unterstützung aus unseren Worten beziehen können, obwohl es für uns den Anschein hat, als hätten wir gar nichts geschrieben. Und doch wissen wir, dass diese Worte, wenn sie keine bestimmte Aufgabe hätten, wenn sie nicht dazu bestimmt wären, einen Teil der großen Arbeit zu formen, nicht geschrieben worden wären. So senden wir sie aus, damit sie dorthin gehen können, wo sie wollen, ohne dass wir über ihr Ziel volle Kenntnis haben.

Möglicherweise werden manche, in deren Hände diese Worte fallen, besser als wir selbst verstehen, warum sie verfasst und ausgesandt wurden. Sie wurden in einem Diktat des

Spirituellen Geistes geschrieben – möge sie der Spirituelle
Geist auch dorthin geleiten, wo sie gebraucht werden.

Bevor wir nun diese wunderbaren Grundsätze und Lehren aus
„Licht auf dem Pfad" verlassen, möchten wir unsere Studenten
noch einmal auf den besonderen Stellenwert dieses kleinen
Handbuchs hinweisen. Es beherbergt die größte Anzahl hoher
spiritueller Weisheitslehren, die jemals auf so wenigen Seiten
zusammengefasst wurden. Der Schüler sollte nicht glauben,
dass er sie bereits gemeistert hat, sobald er ihre generellen
Aussagen verstanden hat. Wird das Buch ein wenig später
wieder zur Hand genommen, enthüllen sich dem Leser immer
wieder neue Kostbarkeiten. Wir haben noch nie auch nur
einen einzigen Studenten getroffen, – egal wie fortgeschritten
er bereits gewesen ist – der nicht noch etwas aus diesem
kleinen Handbuch hätte lernen können. Die darin enthaltenen
Lehren sind vielfältig interpretierbar, da die Interpretation ein
Abbild der Erfahrungen ist, die die Seele bisher auf ihrer Reise
entlang des Pfades gemacht hat. Du wirst Dich daran erinnern,
dass dieser Aufstieg einer Spirale gleicht und dass die Seele
mit jeder Umrundung höher steigt. Jemand mag vielleicht
glauben, die Bedeutung der ersten Regeln völlig verstanden zu
haben, doch wenn er an den entsprechenden Punkt, der eine
Runde darüber liegt, angekommen ist und er sich erneut mit
den ersten Grundsätzen beschäftigt, wird er feststellen, dass
sie in Bezug auf seine momentanen Bedürfnisse eine neue
Bedeutung bereit halten. Und so geht es weiter und weiter.
Der Fortschritt entlang spiralförmiger Linien erstreckt sich
einerseits über mehrere Zeitalter, andererseits gibt es in jedem
einzelnen Leben einen spiralförmigen Pfad, der beschritten
werden will. Das wird jedem klar werden, sobald er sich näher
mit dem Thema befasst. Die Seele, die den Eintritt in diesen
Pfad noch nicht entdeckt hat, scheint immer wieder im Kreis

zu gehen, sich über demselben Abschnitt zu drehen und keinen wirklichen Fortschritt zu machen. Doch auf einmal entdeckt sie diesen schmalen Pfad, der an irgendeinem der Punkte dieses Kreises seinen Anfang nimmt und geht die ersten Schritte entlang dieses Weges. Dann sieht sie bald, dass sie sich, während sie zwar weiterhin ihre Runden dreht, in Wirklichkeit aber nun entlang einer Spirale bewegt und so mit jeder weiteren Runde aufwärts schreitet. Wir kennen kein anderes Buch, das auf dieser Reise so hilfreich wäre, wie dieses kleine Handbuch – *„Licht auf dem Pfad."*
Wir vertrauen darauf, dass es uns erlaubt ist, die Einleitung, die wir zu diesem Buch verfasst haben, an diese Stelle zu setzen. Sie ist am Ende dieses Textes mindestens so angemessen wie zu Beginn:

Die Abhandlung *„Licht auf dem Pfad"* gilt unter Okkultisten als Klassiker und ist der beste bekannte Leitfaden für all jene, die den Erkenntnisweg betreten haben. Die Autorin hat die Bedeutung der darin enthaltenen Regeln in der für Mystiker üblichen Weise verschlüsselt, so dass der Leser, der mit diesen Wahrheiten nicht vertraut ist, normalerweise in diesem Text eine Ansammlung von widersprüchlichen, sinnentleerten Aussagen sieht. Doch für jene, die bereits ein Aufblitzen ihres inneren Lebens wahrgenommen haben, werden diese Seiten eine Schatztruhe sein, gefüllt mit den seltensten Edelsteinen, in der sie bei jedem Öffnen neue Juwelen entdecken werden. Für viele wird dieses kleine Buch bedeuten, dass zum ersten Mal Dinge enthüllt werden, die sie schon ihr ganzes Leben lang blindlings gesucht haben. Für viele wird es das erste spirituelle Stück Brot für die hungrige Seele sein. Für viele, die schon erschöpft sind, wird es den ersten Schluck Wasser aus der Quelle des Lebens bedeuten, der ihren Durst zu stillen vermag.

All jene, für die dieses Buch bestimmt ist, werden seine Botschaft erkennen und sie werden nachdem sie es gelesen haben, nicht mehr dieselben sein. Wie der Dichter es ausdrückt: *„Dort wo ich in Erscheinung trete, werden mich meine Kinder erkennen."* Und so werden die Kinder des Lichtes dieses Buch als etwas, das für sie bestimmt ist, erkennen. Zu anderen können wir aber sagen, dass auch sie zu gegebener Zeit für diese großartige Botschaft ebenso bereit sein werden. Dieses Buch kann die Stadien eines okkulten Neophyten darstellen, die er im Zuge der Arbeit an seinem Baustück durchläuft. – Die Unterweisungen decken sich im Wesentlichen mit jenen, die den Neophyten der Bruderschaft im alten Ägypten erteilt wurden; sie decken sich aber auch genauso mit jenen, die in Indien über Generationen von Guru zu Chela (Schüler) erteilt wurden.

Die Besonderheit der Regeln, die hier in diesem kleinen Handbuch niederschrieben sind, ist, dass sich ihre innere Bedeutung dem Schüler in dem Maß offenbart, indem er auf seinem Pfad voranschreitet. Einige werden gleich mehrere dieser Regeln verstehen, andere vielleicht die ersten Schritte vage begreifen. Doch in jedem Fall wird der Schüler immer dann, wenn er einen sicheren Schritt gesetzt hat, feststellen, dass der kommende bereits schemenhaft beleuchtet wird. Dadurch wird sein Vertrauen für den nächsten Schritt gestärkt. Niemand soll entmutigt sein; Die Tatsache, dass Dich dieses Buch angezogen hat, ist bereits der Hinweis an Dich, dass es für Dich geeignet ist und Dir auch zur richtigen Zeit seine Bedeutung offenbaren wird. Lies es immer wieder und Du wirst sehen, wie Schleier um Schleier enthüllt werden; und doch werden Schleier über Schleier zwischen Dir und dem Absoluten noch bestehen bleiben.

14. Da Du gelernt hast, die inneren Sinne zu verwenden und die äußeren Sinne bereits gemeistert hast; da Du die Sehnsüchte der individuellen Seele bereits überwunden hast und Wissen erlangt hast, bereite Dich vor, o Schüler, den Pfad auch tatsächlich zu betreten. Der Weg wurde gefunden: Mach Dich bereit, ihn zu beschreiten.

15. Befrage die Erde, die Luft und das Wasser zu den Geheimnissen, die sie für Dich bereit halten. Die Entwicklung Deiner inneren Sinne wird Dich dazu befähigen.

16. Befrage die Heiligen dieser Erde zu den Geheimnissen, die sie für Dich bereit halten. Die Überwindung der Sehnsüchte der äußeren Sinne wird Dich dazu berechtigen.

17. Befrage das Verborgenste, das Eine, zu dem letzten Geheimnis, das es für Dich durch alle Zeiten bereit hält. Der große und schwierige Sieg, die Wünsche der individuellen Seele zu überwinden, ist eine Arbeit über Zeitalter hinweg; erwarte daher den Lohn nicht, bevor die Erfahrungen über Jahrtausende hinweg gesammelt wurden. Wenn die Zeit gekommen ist, diese siebzehnte Regel zu lernen, ist der Mensch an der Schwelle dazu, über das Mensch-Sein hinaus zu gehen.

18. Das Wissen, das jetzt Deines ist, ist allein deswegen Deines, weil Deine Seele mit allen reinen Seelen und dem Verborgensten eins geworden ist. Es ist ein Vertrauen, das vom Höchsten in Dich gelegt wurde. Brichst Du es, oder missbrauchst Dein Wissen, oder missachtest es, so ist es auch jetzt noch möglich, von dem hohen Stand, den Du erreicht hast, wieder zu fallen.

Sogar Große weichen an dieser Schwelle zurück; nicht in der Lage, das Gewicht ihrer Verantwortung zu tragen, nicht in der Lage, weiterzugehen. So sieh diesem Moment mit Ehrfurcht und Beben entgegen und sei für den Kampf bereit.

19. Es steht geschrieben, dass für denjenigen, der an der Schwelle zur Göttlichkeit steht, kein Gesetz, an das er sich halten könnte, existiert und auch keine Führung.
Daher mag zur Aufklärung des Schülers diese letzte Anstrengung so beschrieben werden:
Halte Dich an das, was weder Form noch Substanz hat.

20. Höre allein auf die Stimme, die lautlos ist.

21. Schau nur auf das, was für die inneren und äußeren Sinne unsichtbar ist.

Friede Sei Mit Dir.

Quellennachweis:

Advanced Course In Yogi Philosophy And Oriental Occultism
LESSONS I – IV.
By Yogi Ramacharaka.
1905 By The Yogi Publication Society
Chicago, Ill.

Light On The Path
A Treatise
WRITTEN FOR THE PERSONAL USE OF THOSE WHO ARE IGNORANT OF THE EASTERN
WISDOM AND WHO DESIRE TO ENTER WITHIN ITS INFLUENCE.
By Mabel Collins
NEW EDITION WITH NOTES BY THE AUTHOR
1895 Kegan Paul, Trench, Trübner & Co., Ltd.
London